新时代大学美育与劳动教育系列教材

新时代
大学生劳动教育

XINSHIDAI DAXUESHENG LAODONG JIAOYU

主　编　◎　龚发云
副主编　◎　王　华　孙国胜　周思柱　喻发全　陈冬新
参　编　◎　李　昕　霍　肖　秦晓静　周建伟　张建和
　　　　　　张存国　李　健　胡志华　刘　显　朱　轶
　　　　　　饶炜龙　秦　傲　陈思静　甘　珣　蒋洪池
　　　　　　廖宜涛　夏东伟　卢绍伟　卢文博　张　瑞
　　　　　　谭武全　郑　健　张恒波　吕　栋　张高文
　　　　　　石裕东　汤　亮　王丽君　张承涛
组　编　◎　湖北省高等教育学会

华中科技大学出版社
http://press.hust.edu.cn
中国·武汉

内 容 简 介

本书遵循《中共中央 国务院关于全面加强新时代大中小学劳动教育的意见》和《大中小学劳动教育指导纲要(试行)》的指导,以普及劳动知识和提升劳动素养为基本目标,结合当代大学生劳动特点,主要从劳动教育原则、劳动教育体系、劳动教育实践活动、高校开展劳动教育的计划安排,重点介绍新时代大学生劳动教育的特点,结合大学专业教育、专业实践介绍劳动教育的有关内容,也涉及大学生劳动教育安全、劳动法律法规。通过劳动活动组织、考核方式、劳动教育与其他教育之间的关系,与职业规划、职业选择的影响等全面介绍劳动学科领域基本知识,引导当代大学生大力弘扬劳模精神、科学家精神、工匠精神,全面、坚定树立马克思主义劳动观,诚实劳动,勤勉工作,让大学生牢固树立劳动最光荣、劳动最崇高、劳动最伟大、劳动最美丽的观念。

本书共分七章:第一章马克思主义劳动观,第二章新时代中国特色社会主义劳动观,第三章劳动基础知识、劳动能力与劳动素养评价,第四章劳动精神与高校劳动文化建设,第五章劳动安全与保护,第六章劳动权益与保护,第七章劳动教育实践。

本书适合作为普通高等本科院校的劳动教育通用教材,也可作为各行业对劳动教育学习的读物。

图书在版编目(CIP)数据

新时代大学生劳动教育/龚发云主编;湖北省高等教育学会组编.—武汉:华中科技大学出版社,2023.8(2024.1 重印)
 ISBN 978-7-5680-9749-9

Ⅰ.①新… Ⅱ.①龚… ②湖… Ⅲ.①劳动教育-高等学校-教材 Ⅳ.①G40-015

中国国家版本馆 CIP 数据核字(2023)第 126891 号

新时代大学生劳动教育
Xinshidai Daxuesheng Laodong Jiaoyu

龚发云　主编
湖北省高等教育学会　组编

策划编辑:	俞道凯　王　勇
责任编辑:	李梦阳
封面设计:	廖亚萍
责任校对:	林宇婕
责任监印:	周治超

出版发行:华中科技大学出版社(中国·武汉)　　电话:(027)81321913
　　　　　武汉市东湖新技术开发区华工科技园　　邮编:430223

录　　排:武汉三月禾文化传播有限公司
印　　刷:武汉科源印刷设计有限公司
开　　本:787mm×1092mm　1/16
印　　张:10.5
字　　数:209 千字
版　　次:2024 年 1 月第 1 版第 2 次印刷
定　　价:36.80 元

本书若有印装质量问题,请向出版社营销中心调换
全国免费服务热线:400-6679-118　竭诚为您服务
版权所有　侵权必究

新时代大学美育与劳动教育系列教材编审委员会

主　任

周应佳

副主任

周　峰　龚发云　李洪渠　范明华

编　委（按姓氏笔画排序）

丁官元	马　丹	王世敏	王孝斌	王宏勋
向　丽	刘彦博	孙国胜	李　明	李幼平
肖　静	余荣宝	宋移安	张　樊	张红霞
张承涛	张斯民	陈　戎	尚　洁	易　操
周　进	周建伟	周思柱	於建伟	胡志华
胡昌杰	耿保荃	黄小妹	喻发全	蔺绍江

目录
CONTENTS

导言	001
第一章 马克思主义劳动观	003
第一节 劳动的界定及其发展	004
第二节 劳动创造了人本身	008
第三节 教育与生产劳动相结合	011
第二章 新时代中国特色社会主义劳动观	015
第一节 新时代中国特色社会主义劳动观渊源	016
第二节 习近平关于劳动和劳动教育的重要论述	020
第三章 劳动基础知识、劳动能力与劳动素养评价	031
第一节 劳动职业分类与职业资格	032
第二节 现代劳动的基础知识	036
第三节 劳动能力	042
第四节 劳动素养评价	044
第四章 劳动精神与高校劳动文化建设	049
第一节 劳动精神及其培育	050
第二节 劳模精神、工匠精神、科学家精神的特质	055
第三节 高校劳动文化建设	066

第五章　劳动安全与保护 ……………………………………… 073
第一节　劳动安全常识 …………………………………… 074
第二节　劳动保护 ………………………………………… 088

第六章　劳动权益与保护 ……………………………………… 093
第一节　劳动权益 ………………………………………… 094
第二节　劳动法律法规 …………………………………… 097
第三节　劳动与知识产权保护 …………………………… 103
第四节　劳动义务与契约精神 …………………………… 106
第五节　大学生实习、就业权益保护 …………………… 108

第七章　劳动教育实践 ………………………………………… 117
第一节　生活劳动与服务性劳动实践 …………………… 118
第二节　新工科劳动实践 ………………………………… 127
第三节　新文科劳动实践 ………………………………… 143
第四节　新农科劳动实践 ………………………………… 151
第五节　新医科劳动实践 ………………………………… 155

参考文献 ………………………………………………………… 160

导　言
INTRODUCTION

2020年,《中共中央 国务院关于全面加强新时代大中小学劳动教育的意见》要求,把劳动教育纳入人才培养全过程,贯通大中小学各学段。同年,教育部印发《大中小学劳动教育指导纲要(试行)》,要求加快构建劳动教育体系。

劳动是人类特有的基本社会实践活动,劳动创造了物质财富和精神财富,劳动创造了人本身,推动了社会发展。劳动创造了幸福生活,劳动也成就了人生梦想。一切劳动和劳动者都应该得到鼓励和尊重。习近平总书记指出"劳动最光荣、劳动最崇高、劳动最伟大、劳动最美丽"。

劳动教育是国民教育体系的重要内容,实施劳动教育的重点是受教育者在系统的文化知识学习之外,有目的、有计划地参加日常生活劳动、生产劳动和服务性劳动,动手实践、手脑并用、出力流汗、接受锻炼、磨炼意志,既掌握必要的劳动知识技能,又领悟劳动的意义价值,形成勤俭、奋斗、创新、奉献的劳动精神,实现树德、增智、强体、育美的目的。

新时代大学生接受劳动教育,主要目的是强化马克思主义劳动观,树立新时代中国特色社会主义劳动观,注重围绕创新创业、结合专业开展生产劳动和服务性劳动实践,重视新知识、新技术、新工艺、新方法在新业态、新模式职场中的应用,创造性地解决实际问题。新时代大学生应了解劳动安全与保护相关内容,积累职业经验,培育诚实劳动精神,懂得"空谈误国,实干兴邦"的深刻道理。

大学本科阶段劳动教育主要依托劳动教育必修课程,不少于32学时。除劳动教育必修课程外,其他课程也要结合学科专业,有机融入劳动教育内容。大学每学年设立劳动周或集中安排劳动月,可在学年内或寒暑假开展劳动实践,劳动实践应走向社会,以校外劳动锻炼为主。大学生还应根据劳动教育要求,自觉做好宿舍卫生保洁,独立处理个人生活事务,积极参加勤工助学活动,提高劳动自立自强能力;自觉参与教室、食堂、校园场所的卫生保洁、绿化美化和管理服务等,结合"三支一扶"、大学生志愿服务西部计划、"青年红色筑梦之旅""三下乡"等社会实践活动,强化公共服务意识和面对重大疫情、灾害等危机主动作为的奉献精神。

大学生应积极参与劳动素养评价,劳动素养评价是大学生综合素养评价的组成部分。劳动素养评价由劳动过程评价和结果评价构成,评价标准、方法、程序由各校制定完善。劳动过程评价要明确平时劳动表现中劳动实践类型、次数、时间等考核要求,以学生自我评价为主,辅以教师、同伴、家长、服务对象、用人单位等他评方式。结果评价是指大学毕业时,结合劳动教育必修课程的学习成绩和劳动实践,对劳动观念、劳动能力、劳动精神、劳动习惯和品质等进行综合评定。劳动素养评价考核结果作为毕业依据之一。

教育必须与生产劳动和社会实践相结合,劳动教育是培养德智体美劳全面发展的社会主义建设者和接班人的重要举措。劳动教育具有独特的育人价值,必须把准价值取向、强化实践体验、体现时代特征、拓宽教育途径、坚持因地制宜。愿每一个大学生都成为爱劳动、会劳动、懂劳动的创造者。

第一章 马克思主义劳动观

【本章导读】

何为劳动？劳动与人之间究竟是一种什么关系？这些是开展劳动教育的前提性问题。恩格斯在《自然辩证法》中首次提出了"劳动创造了人本身"这一论断，不仅阐释了从"类人猿"到人的整个进化历史过程，还深刻地揭示了劳动在人的发展过程中的重要作用。马克思也指出，劳动是人的本质活动，劳动是人生存的基础，人通过劳动改造自然界，从而为自己提供生活资料及发展资料，没有劳动，人无法存在。劳动是提高人类生活水平的基础，也是推动人类社会前进的动力。

【学习目标】

(1) 掌握劳动的内涵。

(2) 理解马克思主义"劳动创造了人本身""劳动是人的本质活动"的基本观点。

(3) 了解马克思主义"教育与劳动相结合"的基本原则。

第一节　劳动的界定及其发展

对劳动的含义进行界定，对其特征进行分析，了解劳动的分类和发展历史，是我们开展劳动教育的基础。

一、劳动的内涵

一般而言，劳动指的是具有一定劳动知识和技能的人或人群使用劳动工具，通过体力或脑力消耗的方式，以获取劳动成果满足人类生存发展需要为目的，对外部对象实施改造的活动。

要正确理解劳动的含义，须从以下方面来把握。

首先，劳动是一种对象性活动，表现为对外部对象的改造，即把人的目的、理想、知识、能力等本质力量对象化为客观现实，创造出属人的对象世界。人类的世界，不论是自然界还是人类社会本身，都是人类通过劳动形成的对象化的世界，处处都打上了人类的烙印。

其次，劳动带有目的性，其根本目的是满足个人和社会的发展需要，直接目的是获取一定的社会财富。社会财富在人类社会的初期，主要表现为物质形态；随着社会的不断发展，人类的需要日益多样化，精神需要凸显，劳动创造的财富，不仅有物质性的，更有精神性的，还有服务性的。但是，不论创造的是哪种财富，其根本目的都是满足个人和社会的需要。因此脑力劳动、体力劳动本质上是一样的，没有高低贵贱的区别。

再次，劳动意味着一定的体力、脑力的消耗。正所谓"有得必有失"，只有一定的体力与脑力消耗，才能换来人类所需要的物质和精神生活资料，才能满足个人和社会的生存与发展需要。"不劳动者不得食"的朴素观念在人类社会早期就一直存在。

最后，劳动是人实现自我身份认同、确证自身存在意义的根本途径。人与动物不一样，不仅有吃喝拉撒的生理需要，还是一种追求意义的存在。通过劳动这种对象性活动和最终劳动成果的呈现，人才能感受到自己的存在，才会有人生意义的获得感，才能体会到创造的幸福感。

与劳动相区别的概念是休闲娱乐活动，如打游戏、看电影及开展体育运动等。休闲娱乐活动具有愉悦身心、提升身体素质、促进人际交往的作用，但它们不是劳动，根本原因在于它们都是对已有社会财富的一种消耗，而不是为社会创造财富，劳动的核心是创造财富。

二、劳动的特征

与其他活动相比,人类劳动的特征包含必需性、社会性和创造性。

1. 必需性

马克思曾说过:"任何一个民族,如果停止劳动,不用说一年,就是几个星期,也要灭亡,这是每一个小孩子都知道的。"劳动是人们谋生的基本手段。人们要满足衣食住行用的生活、发展需要,必须以一定的物质、精神财富为基础。"天上不会掉馅饼",不论是物质财富还是精神财富都得通过人们的劳动创造出来。不论是在生产力水平低下、物质资料匮乏的人类早期还是在生产力高度发达、物质财富丰裕的现代社会,也不论是对于个人还是对于社会,劳动始终都是必需的。

2. 社会性

相对于其他动物,人类在很多方面如体力、耐力、速度等方面存在差距,但是人类之所以能成为万物之灵,一个重要原因是能开展有效的分工和合作。人类从事生产劳动,不能依靠单个人孤立地开展,特别是随着分工的日益细化,对合作的要求更高。人们通过劳动产生社会交往,劳动有深刻的社会属性和社会价值。

3. 创造性

劳动是具有自觉意识的创造性活动。不是所有由意识支配的活动都是劳动,例如,旅游、跳舞、吃饭、睡觉虽然也具有意识,但不能称为劳动。在人类的活动中,只有那些能够创造出物质财富和精神财富的创造性活动,才能称为劳动。

三、劳动的分类

按照不同的分类标准,劳动可以分成不同的类型。

1. 体力劳动和脑力劳动

根据劳动主体所耗费劳力的主要形态,劳动可分为体力劳动和脑力劳动。体力劳动是指劳动者需要使用大量体力且体力变化不大的重复性劳作,如搬运等;而脑力劳动是指劳动者需要运用头脑来完成的劳作,如编程、写作等。

当然,人的任何一种劳动活动都是体力劳动和脑力劳动共同作用的成果,只不过两种劳力消耗占比不同。两种劳动形式在本质上是一样的,理应平等对待。在现实生活中,我们既要肯定脑力劳动者的价值,也要尊重体力劳动者的付出。在我们社会主义国家,一切劳动,无论是体力劳动还是脑力劳动,都值得鼓励。

2. 简单劳动和复杂劳动

根据劳动者所需要的不同能力，劳动可以分为简单劳动和复杂劳动。简单劳动通常是指对任务的完成不需要专业的工作经验、专业技能和复杂的认知能力，只需要简单的操作能力，例如打扫卫生、搬家等。

复杂劳动指的是对任务的完成需要专业的工作经验、专业技能和复杂的认知能力。例如，电工必须掌握电工学知识，才能安装、修理或检查电气设备；律师必须掌握法律知识，才能处理法律问题。与简单劳动相比，复杂劳动更专业、更有技术含量，在同样的时间里，复杂劳动创造的价值量等于成倍的简单劳动创造的价值量。例如，农民种植的土豆每斤两元，而科研人员的一些专利发明却价格不菲。之所以在同样时间里，复杂劳动比简单劳动创造出更多价值，是因为背后有教育等因素的投入。因此，人类需要教育，需要不断跟上时代发展，这是学习的动力之一。

四、劳动的发展

根据劳动方式特别是劳动工具和手段的不同，人类劳动历史可以分为三个时期，即前工业社会、工业社会和后工业社会。

1. 前工业社会的劳动

前工业社会是人类劳动历史延续最长的一个时期，包括早期人类的采集狩猎时代和农耕时代。在这一时期之初，生产经验和劳动工具的欠缺导致人类主要靠采集和狩猎来获取食物、维持生存。随着生产力的发展，人类进入农耕时代，人类通过对野生动植物的驯化，开始农业耕作和畜牧养殖。在这一时期，人类主要通过体力劳动的方式来获取食物。除了农业耕作，人类还从事一些其他的工艺制作，如雕刻家具、裁剪衣服等。这一时期的劳动受自然条件的影响较大，农业生产的作业环境绝大多数是自然露天的环境。

总体上说，前工业社会时期的劳动主要以体力劳动为主，受自然环境的影响大，分工程度低，以家庭自主耕种为主，缺乏统一的生产组织形式，劳动场所、劳动时间和作息时间也各不相同，缺乏统一的规范和管理，呈现出简单化的特点。

2. 工业社会的劳动

工业社会是继农业社会之后的发展阶段，又称现代社会。以轻工业为主的是工业社会前期，以重工业为主的是工业社会后期。工业社会中以机器为代表的科学技术是社会生产的关键要素。工业社会的劳动，主要体现为以大机器的使用和无生命能源的消耗为核心的专业化社会大生产。得益于科学技术的高度发达，劳动生产效率全面提高，劳动分工日益精细，产品的标准化成为必然趋势，产品的种类也越来越多样化。

劳动的发展带来一系列社会影响：社会分化剧烈，社会流动性增强，业缘关系取代了血缘和地缘关系而成为人们社会关系的主要形式，个人发展的机会增多和自主程度提高。法治取代了人治而成为政治系统运行的基本方式，社会的民主化程度提高。城市数量增加，规模增大，农业人口的比重降低。交通运输工具和通信联络手段高度发达，个人、群体、组织、区域、国家日趋开放。人的思想观念充分更新，竞争意识和时间观念加强，崇尚科学、信服真理、追求变革成为人们的基本价值取向。

3. 后工业社会的劳动

后工业社会是工业社会进一步发展的产物，又称知识社会，从时间上来说大约是20世纪80年代电子信息技术广泛应用之后。网络、信息技术对社会发展发挥着越来越关键的作用，因此人们又称之为"信息社会"。

科技与生产力的发展，让人类从物质匮乏时代进入丰裕时代。随着国民收入的增加，人们对服务业的需求越来越大，劳动力向服务业转移。因此，后工业社会的首要特征就是：大多数劳动力不再从事农业和制造业，而是从事服务业。随着服务型经济的发展，工作重心转向办公室、教育机构和政府部门，职业向"白领职员"转移。科学家和工程师作为后工业社会的关键群体，其增长率大大超过劳动力总数增长率。

随着人工智能的突飞猛进，信息社会正快速向智能时代迈进。2023年3月21日，微软公司联合创始人比尔·盖茨发表 *The Age of AI has begun* 一文，指出"人工智能的发展与微处理器、个人电脑、互联网和手机的发明同等重要。它将为人们的工作、学习、旅行、医疗和沟通等领域带来巨大变化。整个行业都将围绕它重新定位，各企业也会通过人工智能技术来一决高下"。在智能时代，劳动又呈现出新变化。

第一，劳动主体的高端化。智能时代的社会生产对劳动力的水平、素质和技能的要求大大提高，对劳动的创造性需求增加。一方面，人工智能本身需要人去开发升级，社会对与人工智能相关的高技术水平、复合型人才需求增加；另一方面，更廉价和高效的智能机器会很快取代原来由人类承担的一些操作性、重复性的工作，大量低技能劳动者失去原有工作岗位。由此导致劳动力需求和结构发生根本变化，这对高技能人才提出更高要求。

第二，劳动对象的虚拟化。智能时代的劳动对象大部分已不再是实实在在的物质载体，而是大量的信息和数据。相当多的生产过程被简化为劳动主体将劳动对象与劳动过程转化成数值输入智能机器，从而使智能机器自动求解，甚至在生产过程中自己总结经验、反馈信息、优化自身。这些生产活动基本上与人类的体力消耗没有关系。此外，无论是智能技术本身还是其研发加工的事物，都是人类的劳动对象，这使得劳动的内涵有了进一步扩展。

第三，劳动内容的信息化。在智能时代，信息越来越成为驱动社会发展的根本力量，人类劳动也从常规劳动转向创新劳动,从物能性劳动转向信息性劳动。智能时代的劳动广泛存在于虚拟世界,劳动结果呈现出明显的数据化特征,传统工业社会的财富结构和形式将被重新定义。

第四,劳动形态的多元化。智能时代的劳动不再局限于集团化的流水线劳动,而是可以单独或组成临时团队协作进行。智能时代的劳动形态以自主择业为主,个性化、独立性、创造性的自主劳动占据主导地位,成为普遍形态。

第五,劳动生产率的跃升化。智能时代凭借巨大的算力突破了工业化阶段的生产率提升延滞于技术进步的困境,使得社会生产率迅速提高。智能机器可以承担一些条件恶劣、环境艰苦或具有复杂性、危害性和危险性的工作,可以极大地节约社会必要劳动时间。但是,生产率跃升背后是劳动者严重的贫富分化。

总之,从早期原始社会到现代社会,劳动发生了多次变革,其中包括从狩猎经济到农耕经济,以及从工业社会到后工业社会的不断进化。当下,劳动与人之间的关系也发生了重大变化,包括劳动价值观、组织形态、劳动关系、岗位体系以及社会保障等方面。我们必须重新审视劳动与人之间的关系。

第二节　劳动创造了人本身

劳动与人类的产生、与个人的成长、与人的全面发展之间存在着极为紧密的联系,马克思主义对此有丰富的论述。

一、劳动与人类的产生

十九世纪中期,英国生物学家、进化论的奠基人达尔文根据生物进化论和当时的科学成果,提出猿是人类祖先的观点。但是,猿是如何变为人的问题,单纯依据生物进化论的自然选择理论,难以找到令人满意且有说服力的解答。

马克思主义为这一问题的解决提供了科学的世界观和方法论指导。基于辩证唯物主义的立场,恩格斯在《劳动在从猿到人的转变中的作用》中明确指出,它(劳动)是整个人类生活的第一个基本条件,而且达到这样的程度,以致我们在某种意义上不得不说:劳动创造了人本身。

从猿到人的进化,是一个渐进、漫长、一代又一代遗传和积累的过程。从猿到人的第一步是手脚分工。几十万年以前,一部分成群生活在树上的古猿,由于生活方式的影响,在攀缘时前肢和后肢从事不同的活动,在平地上行走时就开始主要依靠后肢,而且慢慢摆脱用前肢帮助的习惯,渐渐直立行走,前肢就从行走的束缚中解放出来,前肢、后肢分别变为上肢、下肢。

从猿到人的第二步是猿的前肢变为人的手。这个过程同样经历好几十万年。开始时使用天然工具,后来可以制造简单的工具。而把第一块燧石做成刀子,则是具有决定性意义的一步。手变成自由的了,能够不断地获得新的熟练技能,它由此获得的较大的灵活性便遗传下来,一代一代地增加着。"所以,手不仅是劳动的器官,它还是劳动的产物。"

从猿到人的第三步是语音器官和语言的发展,并最终促使猿脑变成人脑。恩格斯指出:"首先是劳动,然后是语言和劳动一起,成了两个最主要的推动力,在它们的影响下,猿脑就逐渐地过渡到人脑。"脑的发展"又反作用于劳动和语言,为这二者的进一步发展不断提供新的推动力"。

在劳动的过程中人与人之间的社会关系开始形成,人们喜爱和擅长不同的领域,由此产生了分工,人成为整个自然界最具智慧的物种。在生产劳作中,人们开始意识到协作的优势,自此人与人之间的社会关系正式确立,人真正成为社会意义上的人。

二、劳动与个人的成长

劳动是生命存在的一种重要的形式,劳动能力和劳动成果表明人存在的意义和价值,它具有独特性和不可替代性。劳动的技能不仅体现了人的社会价值,同时,参与劳动的个体也可以从劳动的过程中获得存在感、归属感、成就感,得到社会的认可,还会感到生命的充实。劳动不但创造了人本身,而且对具体个人的成长,具有决定性意义。

第一,劳动能促进身体的成长。以色列历史学家尤瓦尔·赫拉利在《人类简史:从动物到上帝》中说道:"与其他动物相较,人类可说都是早产儿,许多重要器官的发育都还不够完善。"因此相当长的一段时间(从婴幼儿到成年之前)都是成长发育期。除了靠成人的抚养教育以外,参加劳动特别是一些体力劳动,能够让其肌肉、骨骼和心肺等得到锻炼,变得日益强壮,直至发育成熟。

第二,劳动能促进大脑的发育。"人有两个宝,双手和大脑",双手会做工,大脑会思考,也就是我们常说的心灵手巧,劳动在大脑发育的全过程中都发挥着极其重要的作用。劳动是动手的活动,更是动脑的活动。

第三,劳动可以提升思维能力。要完成劳动任务、实现劳动目标,必须采取一定的方法和手段,使用一定的劳动工具,遵循一定的程序,遇到问题要想办法去解决。这对于培养思维的条理性和创造性都是十分必要的。

第四，劳动可以锻炼意志力。劳动是一个过程，中间会遇到各种困难和挫折，要完成劳动任务、实现劳动目标，必须有顽强的意志。而通过坚持、努力，最终获得的劳动成果又能让劳动者获得巨大的成就感，进一步强化意志力。

第五，劳动可以培养正确的审美情趣。马克思在《1844年经济学哲学手稿》中提出"劳动生产了美"，直接点明了审美教育和劳动教育的内在关联性。从人类产生之初，人们追求美的感受就蕴含于劳动过程之中，人们通过劳动既能获得物质生活上的满足，又能获得身心愉悦的审美体验。美产生于劳动之中，人们不断地进行创造性劳动，生产出的瓷器、陶器、铁器、服装、建筑等生活用品与居住空间都是人们审美意识和审美情趣的表现。

第六，劳动有助于更好地了解社会。社会性是劳动的本质属性，通过丰富的劳动实践，可以连接书本与现实生活，从而培养正确的劳动价值观和良好的劳动品质，为人们未来走向社会奠定基础。

三、劳动与人的全面发展

人的全面发展是马克思主义的最高价值追求，是中国式现代化蕴含的价值观之一。劳动是人类发展的基础，它是人类社会发展的动力。劳动不仅是人们获得财富的重要途径，还是促进人的全面发展的必由之路。

首先，劳动可以培养人的自我实现感。劳动是一种自我实现的过程，它可以让人感受到自己的价值，让人有信心去实现自己的梦想。劳动可以让人感受到自己的能力，让人有信心去实现自己的目标。

其次，劳动可以培养人的社会责任感。劳动是一种社会责任，它可以让人感受到自己的社会责任，让人主动为社会做出贡献。劳动可以让人感受到自己的社会使命，让人有信心去为社会做贡献。

再次，劳动可以培养人的创造力。劳动是一种创造性活动，可以让人感受到自己的智慧，从而让人更有信心去创造自己的未来，更有信心团结一心去创造社会的未来。

最后，劳动有助于打造和谐的人际关系。人的社会关系的全面发展是人的全面发展的重要内容，人的全面发展需要和谐的劳动关系。在和谐的劳动关系下，人们能拥有更多的自由时间去发展自己的能力，实现个人的全面发展。

马克思主义认为，人类社会的最终形态是共产主义社会，而共产主义社会的标志既不是发达的物质基础，也不是生产资料的共有，而是人的自由与全面发展。人类唯有自由劳动才可以实现全面发展，才可以实现自由解放。

第三节　教育与生产劳动相结合

要使人获得全面发展，就要从根本上改造社会。马克思、恩格斯与列宁都把教育与生产劳动相结合作为社会改造的强有力手段之一。

一、马克思、恩格斯论劳动教育

教育与生产劳动相结合，从本质上讲是社会化大生产的客观要求和必然趋势，是不以人的意志为转移的历史进程，是社会和教育发展的客观规律。马克思、恩格斯关于教育与生产劳动相结合的科学论述深刻地揭示了这一规律。

1. 劳动与教育相结合是社会发展的必然趋势

马克思、恩格斯在《德意志意识形态（节选本）》中指出："我们首先应当确定一切人类生存的第一个前提，也就是一切历史的第一个前提，这个前提是：人们为了能够'创造历史'，必须能够生活。但是为了生活，首先就需要吃喝住穿以及其他一些东西。因此第一个历史活动就是生产满足这些需要的资料，即生产物质生活本身，而且，这是人们从几千年前直到今天单是为了维持生活就必须每日每时从事的历史活动，是一切历史的基本条件。"这段话深刻阐明了物质资料生产劳动对人类的根本性意义。在人类社会早期，受生存环境和社会生产力水平极为低下的影响，劳动与教育浑然一体，但又是原始盲目的。社会分工的产生和生产力的发展促使阶级、私有制出现，脑力劳动与体力劳动随之分离，从而也产生了专门从事教育活动的机构和人员，有了学校和专职的教师。其本质是剥削阶级的教育从生产劳动中分离出来，教育演化为统治和剥削生产劳动者的工具。进入资本主义社会后，机器化的大生产需要有掌握生产技术、具备一定的科学素质的生产劳动者。起初劳动者的培养依然在生产过程之外的专门教育场所完成。而现代生产规模、产业结构及其技术工艺的不断发展，对劳动者的技能素质提出更高要求，教育必须与生产劳动相结合才能满足。马克思深刻地揭示了教育与生产劳动相结合的社会客观依据及其产生与发展的基础。社会生产发展、科技进步越快，这种需要就愈显强烈，对结合层次、广度的要求也不断地提高和扩展。在《共产党宣言》中，马克思、恩格斯明确提出，要"把教育同物质生产结合起来"，这种结合就是在提高社会生产力的同时，也要提高无产阶级政治思想觉悟，引导他们同资产阶级进行坚决的斗争，最终引起生产关系或社会制度的变革。因此，马克思主义创始人将教育与生产劳动相结合视为改造资本主义社会的强有力的手段。

在对未来教育的设想方面,马克思在《资本论》中说:"毫无疑问,工人阶级在不可避免地夺取政权之后,将使理论的和实践的工艺教育在工人学校中占据应有的位置。"在此基础上,马克思还提出了综合技术教育思想,指出未来的教育是生产劳动同智育和体育相结合。"正如我们在罗伯特·欧文那里可以详细看到的那样,从工厂制度中萌发出了未来教育的幼芽,未来教育对所有已满一定年龄的儿童来说,就是生产劳动同智育和体育相结合,它不仅是提高社会生产的一种方法,而且是造就全面发展的人的唯一方法。"马克思还提出,"在再生产的行为本身中……生产者也改变着,他炼出新的品质,通过生产而发展和改造着自身,造成新的力量和新的观念,造成新的交往方式,新的需要和新的语言"。这些阐述共同表明,教育与生产劳动相结合,是未来社会的必然要求。

2.劳动与教育相结合是造就全面发展的人的主要途径

马克思认为,人若要获得全面发展,需要从社会条件和社会制度等方面获得保障。因此,他基于对资本主义社会使人异化的批判,提出了共产主义的奋斗目标。马克思指出,"共产主义是对私有财产即人的自我异化的积极的扬弃,因而是通过人并且为了人而对人的本质的真正占有;因此,它是人向自身、也就是向社会的即合乎人性的人的复归,这种复归是完全的复归,是自觉实现并在以往发展的全部财富的范围内实现的复归。这种共产主义,作为完成了的自然主义,等于人道主义,而作为完成了的人道主义,等于自然主义"。共产主义社会"是这样一个联合体,在那里,每个人的自由发展是一切人的自由发展的条件"。在保护童工受教育权益时,马克思认为未来教育以生产劳动同智育和体育相结合为特征,这不仅是提高社会生产力的方法,更是造就全面发展的人的重要途径。马克思的著作曾多次论及生产劳动或综合技术教育与智育、体育的结合。

在资本主义生产中,物质生产过程中体力劳动与脑力劳动的分离和对立日益加深。资本主义社会极不合理的社会分工,使生产劳动的活动过程与劳动者学习知识、掌握技术技能的过程相互分离,使人的片面发展达到了十分严重的程度。然而,脑力劳动与体力劳动分离在资本主义大工业的初期达到顶点,之后又开始结合,教育与生产劳动由分离向逐步结合方向迈进。要使劳动者能够真正按照社会的需要和自己的愿望从事能够充分发挥其才能的生产劳动,就必须对他们采用教育与生产劳动相结合这一手段。如果说,在资本主义制度下,教育与生产劳动的结合是为克服人的片面发展而提出的,那么在社会主义、共产主义制度下,教育与生产劳动的结合则是培养全面发展的人的首要方法。马克思主义认为,人的全面发展的实质就是生产者在智力和体力得到充分且广泛发展的基础上,实现脑力劳动与体力劳动的结合,而达到这一目标的根本途径就是教育与生产劳动的相互结合。

二、列宁论劳动教育

列宁在全面继承马克思、恩格斯劳动价值观和劳动教育思想的基础上,针对当时俄国的社会发展状况,深化并发展了教劳结合思想,为马克思主义劳动教育的理论和实践做出了巨大贡献。

1. 教育与生产劳动相结合,提高劳动技能

列宁充分认识到劳动对国家和社会发展的重要作用,因此,他对劳动教育十分重视,将教育与生产劳动相结合的原则纳入俄国教育问题的重要纲领,这条原则于 1919 年被正式写入《俄共(布)纲领草案》。列宁认为,采取生产劳动和教育相结合的教育模式对青年来说很有必要,运用这种教育模式才能使劳动者适应生产力的发展要求,才能促进新一代的劳动者脑力与体力的全面发展,因此,列宁要求学生除了要接受书本上的科学文化知识之外,还要接受劳动课程的锻炼。

列宁关于教育与生产劳动相结合的观点,主要体现在以下两个方面。首先,教育要与"沸腾的生活实际"相联系,促进理论知识与生活实践融会贯通。列宁呼吁学生既要学习理论知识,又要参加实践活动;既要增长科学文化知识,又要促进身心健康发展。其次,教育要以实际需求为导向,培养掌握现代科技和科学知识的人才,将科学技术运用到生产实践中去,为社会主义生产建设服务。

2. 实行义务劳动,弘扬劳动美德

针对苏俄成立之初所面临的国内外形势,列宁认为在该阶段应该进行资本主义基础之上的社会主义劳动建设,根本目的在于提高劳动生产率。列宁认为一切劳动问题都围绕提高劳动生产率展开,而提高劳动生产率是一个漫长的过程。在他的带领下,苏俄开展了星期六义务劳动等具有历史创举性的活动,发动全苏俄人民弘扬劳动美德,自觉自愿改进劳动方式、提高劳动生产率,开展社会主义大生产运动,以更好地恢复和发展苏俄经济。

3. 开展劳动竞赛,激发劳动活力

列宁在《怎样组织竞赛?》一文中提出:"只有工农群众怀着满腔的革命热情自愿地和诚挚地进行合作,共同对富人、骗子、懒汉和流氓实行计算和监督,才能清除万恶的资本主义社会的这些残余,清除人类的这些渣滓,清除这些无可救药的、腐烂的、坏死的部分,清除这些由资本主义遗留给社会主义的传染病、瘟疫和溃疡。"

为了提高劳动人民的积极性与首创精神,苏维埃政府组织了大量的劳动竞赛,这既提高了劳动生产率,又增加了劳动的趣味性。劳动者是为自己劳动而不是被迫劳动,彻底告别了充满剥削与压迫的资本主义时代。

4. 发展社会教育,提高劳动素质

为了提高广大劳动人民的文化水平和技术水平,列宁提出了有效的发展措施。首先,通过发展职业教育,创办成人学校、人民学校,开设电影院,举办座谈会,提供通俗易懂的报纸等实用且有效的方式,来提高广大劳动人民的劳动素质。其次,号召教师肩负起社会教育的艰巨任务、发挥社会教育的主力军作用,要求教师不要把自己限制在教师这个圈子里,应将提高劳动人民的思想政治觉悟、科学文化素质、劳动技能水平视为己任,以实现高素质劳动大军的建设。最后,在列宁看来,工人应走近农民群众,充分发挥工人的作用以提高农村的社会教育工作水平。

第一章 新时代中国特色社会主义劳动观

【本章导读】

　　党的十八大以来,习近平总书记立足新时代发展的历史方位,将马克思主义同中华优秀传统文化相结合,就劳动教育提出了一系列重要论述。这些重要论述,蕴含着新时代劳动教育的新理念、新思想、新战略,是马克思主义中国化时代化的最新理论成果,是习近平新时代中国特色社会主义思想的重要组成部分,是大学生开展新时代劳动教育、树立正确劳动观的根本遵循。

【学习目标】

(1) 了解中华优秀传统文化中的劳动思想。
(2) 理解毛泽东、邓小平关于劳动、劳动教育的观点。
(3) 掌握习近平总书记关于劳动、劳动教育重要论述的核心要义。

第一节　新时代中国特色社会主义劳动观渊源

一、中华优秀传统文化中的劳动思想

1. 崇尚劳动的文化氛围

我国是农耕文明的发源地之一,崇尚辛勤劳动是我国古代人民一直以来的优秀精神品质。为了生存、发展,我国古代人民辛勤劳动,日出而作,日落而归,形成了吃苦耐劳、勤奋朴实的独特精神品质以及崇尚劳动的文化氛围。

《吕氏春秋·上农》说道:"古先圣王之所以导其民者,先务于农。民农非徒为地利也,贵其志也。"古代先贤圣王对百姓的教化,以重视农业劳动为首,强调务农不单是为了农产品,更是要百姓树立勤劳精神。我国古代的教育不局限于劳动实践,而是上升到了道德的高度,使劳动的深刻内涵内化于心、外化于行,沉淀为民族精神,变成一种固定的印记世代相传。

在长期的农耕劳作中,人们积累了对世界、社会和人生的丰富感悟,并通过一定的形式展现出来、代代相传。对劳动的崇尚,让古代中国的文化发展在人类历史上较长时期处于领先地位。中国最早的诗歌总集《诗经》,由"风""雅""颂"三个部分所组成,收录的作品从西周初年到春秋时期,时间跨度约五六百年,空间上以黄河流域为中心,南到长江北岸,分布在现今陕西、甘肃、山西、山东、河北、河南、安徽、湖北等地,以艺术的形式生动地记录了古代中国的农耕生活。自《诗经》以后,古代中国从文人墨客到平民百姓都以诗词歌赋为情感载体,描述了自身所看到的田园景象,赞扬了耕织和读书的生活追求。其中,陶渊明的作品可以被视为这种耕读生活的重要代表,在《归园田居》《桃花源记》等著名作品中,陶渊明表达了对美好田园生活的向往。总之,中华民族的文化氛围始终洋溢着对劳动的尊重与践行。

同时,这种高度发达的农耕文明也成就了古代中国"天人合一"的哲学思想。《吕氏春秋·审时》中"夫稼,为之者人也,生之者地也,养之者天也"的说法,主张庄稼的生长不仅要靠人和土地,还需要有上天的眷顾,将人类生产与天地自然结合到一起。"天人合一"表达的是对大自然的敬畏。我国古代人民意识到是自然赋予了万物的生命,也是自然造就了繁荣的农业文明,自然所赋予的阳光、雨露都是劳动必不可少的客观因素,因而只有树立敬畏自然的道德观念,方可做到可持续发展。《吕氏春秋》中就有论述:"竭泽而渔,岂不获得?而明年无鱼;焚薮而田,岂不获得?而明年无兽。"孟子也说:"斧斤以时入

山林,材木不可胜用也。"男耕女织、精耕细作的劳作传统一代一代传承下来,崇尚辛勤劳动的文化氛围历久弥新,成为中华民族特有的文化标识。

2. 耕读传家的劳动教育理念

我国悠久的农耕文明孕育了耕读教育思想,这对每一代中国人都产生了深远的影响。耕读教育思想不仅推动了农业生产活动的发展,也延续了中华民族优秀的文化基因,逐渐孕育出了具有中国特色的劳动教育雏形。

古代中国家庭中广泛使用的门联是"耕读传家远,诗书继世长"。自古以来,耕种与读书一直是中国人最为重视的两个方面。在我国古代人民看来,耕种是与天地进行沟通的重要方式,是在劳动过程中对天地万物所蕴藏的智慧的直接接触与学习。因此,耕种的过程不仅仅是物质生活条件的生产过程,更是提升自身道德与智慧的修养过程。同时,读书能够使人们知书达礼,获得自身品性的提升。在这个意义上,耕读教育的意义不仅仅是纯粹的知识教育或技能的传授,更多的在于自身品性与道德等方面的提升。中华优秀传统文化重物质更重精神的独特禀性,蕴藏着古代人民对劳动教育的深刻见解与智慧。

耕读教育思想将农业劳动和学习结合起来,正是这种将学习和实践相结合的方式,满足了劳动和教育的需要,在耕读中传播了尊重劳动、热爱劳动的价值观,彰显了劳动教育的价值内核。

3. 克勤克俭的家风家训

家风是一个家庭或家族世代相传的作风,家训是对子孙立身处世、持家治业的教诲。家风家训是中华传统文化的重要组成部分,在中国历史上对个人修身齐家、对民族发展振兴都发挥着重要的作用。

我国传统文化中有很多优秀的家风家训内容,其中具有代表性的有诸葛亮的《诫子书》、颜之推的《颜氏家训》、朱柏庐的《朱子家训》等。在《诫子书》中诸葛亮认为"夫君子之行,静以修身,俭以养德。非淡泊无以明志,非宁静无以致远。"诸葛亮凭借自己渊博的学识引导子孙如何成为一名君子,主张通过节俭、辛勤劳动来陶冶自己的情操,培养自己的品德。《颜氏家训》中有很多强调农业劳动重要性的训诫,如"夫食为民天,民非食不生矣。三日不粒,父子不能相存。""故治官则不了,营家则不办,皆优闲之过也。"强调勤劳节俭的重要性。《朱子家训》指出"一粥一饭,当思来处不易;半丝半缕,恒念物力维艰。"朱柏庐告诫自己的后代要珍惜农民劳作的成果,不能浪费粮食,要体恤民情,理解劳动人民劳动的艰辛。既要勤劳致富也要量入为出的克勤克俭思想,是我国传统文化中家风家训的核心内容。它不仅为我国对学生进行思想政治教育提供了丰富的教育资源,从更广阔的维度看,还为中国共产党领导人民进行劳动教育提供了一定的理论借鉴。

二、毛泽东关于劳动与劳动教育的思想

1. 毛泽东关于劳动的主要思想

首先,劳动在社会发展中具有重要作用。

毛泽东以马克思主义为理论指导,从人类社会历史发展的角度出发,科学解读了劳动在历史发展中的重要作用。在《经济问题与财政问题》一文中毛泽东指出:"我们考察一下从古代的人类到今天的贫农,他们之所以能够活下去……无非就是他们有两只手……我们每一个人也都有两只手,我们也可以将手接长起来——拿着工具……这样一来,我们的问题就立即解决了。"毛泽东认为劳动的重要作用始终贯穿在社会历史发展中,"生产运动不但过去要,现在要,将来还是要,这是生产运动的永久性的根据"。毛泽东所提出的劳动"过去要""现在要""将来要"充分展现出劳动在人类社会历史发展进程中的巨大作用,毛泽东从整体角度把握了对劳动重要性的认识。

其次,尊重劳动,"脑体合一"。

马克思主义认为,劳动最开始是大脑与身体协调一致的实践活动,但当历史发展到一定阶段时必然会出现大脑与身体之间的劳动分工,这是不以劳动者意愿为转移的。而这对人的自由全面的发展是不利的。在马克思主义理论中,分工和私有制是相等的表达方式。私有制就是分工的产物,随着私有制的发展,脑体分工的对立愈加明显。因此,在未来的社会中,消除脑体分工的对立就成了实现人的自由全面的发展的必然需要。

毛泽东出身农家,在新民主主义革命早期,主要依靠农民建立革命根据地来逐步取得胜利,所以他在思想上是特别尊重体力劳动的。而在新民主主义革命后期,特别是在陕甘宁边区时期,毛泽东逐渐意识到了脑力劳动者在革命这一曲折的历史发展进程中的重要作用,必须要利用好知识分子,大量任命知识分子,只有这样才有助于革命的开展。他认为要加强对参加革命的知识分子的保护,革命胜利必须要依靠知识分子,如果知识分子不帮助工农民众,那么在党和国家的治理中便会存在问题,要把知识分子吸收到革命这一过程中来,知识分子也应该在帮助工农民众的过程中提高自己。毛泽东不仅坚持了马克思主义的"脑体合一"思想,还结合中国革命与建设的具体实际取得了新的发展。

2. 毛泽东关于劳动教育的主要观点

首先,劳动教育是实现人的全面发展的必由之路。

毛泽东认为劳动教育旨在改造人的思想,培养全面发展的人。毛泽东指出脑力劳动结合体力劳动是实现人的全面发展的必由之路,明确了运用体力是劳动、运用脑力也是劳动的思想。通过教育与生产劳动相结合,促使学生走向生产实践第一线,既动手又动脑,多感官地进行学习。学生在生产劳动实践中获得的感性认识,经过反复,上升到理性

认识,理性认识再回到生产劳动实践中经受检验,这样学到的知识不但牢固和深刻,而且更加实用。

其次,劳动教育是教育与自我教育的结合。

毛泽东指出,在改造客观世界的同时,要不断改造自己的主观世界。参加劳动和自我反省是二者之间的桥梁。既要选择学识渊博的知识分子当教师,授业解惑,把前人积累的知识、经验、技能等传授给学生;也要把广大工农民众作为先生,培养社会实践的能力。"要做人民的先生,先做人民的学生",毛泽东特别强调干部拜群众为师,向群众学习。工农民众走进学校,在学习的同时,参与教学和学校管理,一批优秀劳模、技术工人成为学校的教师;干部到农村和工厂中去,向工农民众学习,在劳动实践中磨砺自己,在社会大学堂中学习进步。

三、邓小平关于劳动教育的思想

邓小平高度重视劳动与教育相结合,并就如何具体结合有明确的论述。1978年,在全国教育工作会议上他特别指出,"为了培养社会主义建设需要的合格的人才,我们必须认真研究在新的条件下,如何更好地贯彻教育与生产劳动相结合的方针。""各级各类学校对学生参加什么样的劳动,怎样下厂下乡,花多少时间,怎样同教学密切结合,都要有恰当的安排。更重要的是整个教育事业必须同国民经济发展的要求相适应。""现代经济和技术的迅速发展,要求教育质量和教育效率的迅速提高,要求我们在教育与生产劳动结合的内容上、方法上不断有新的发展。"具体结合,主要包括三个层次的要求。

首先,教育与生产劳动相结合"更重要的是整个教育事业必须同国民经济发展的要求相适应"。这就要求国家在制定教育事业发展规划时必须考虑教育的结构、发展规模和速度应当与社会生产的发展与要求相适应。邓小平说:"学生学的和将来要从事的职业不相适应,学非所用,用非所学,岂不是从根本上破坏了教育与生产劳动相结合的方针?"邓小平站在全局的高度来阐述教育与生产劳动相结合的思想,强调教劳结合首要的就是教育的发展与整个国民经济的发展相适应。

其次,教育与生产劳动相结合是贯穿整个教育过程的基本指导思想。教学是学校的中心工作。一方面,学校课程的设置和具体教学内容的安排要与现实的生产劳动密切结合,要求学生学习生产劳动中有用的知识和技能而非无用的僵死的知识;另一方面,在教学方法上应充分体现教育与生产劳动相结合,要求无论是教师的教还是学生的学,都应把抽象的理论知识的学习与生产劳动和其他社会实践结合起来,学以致用,使学生成为有真才实学的人。

最后,邓小平认为,劳动者是具备"一定的科学知识、生产经验和劳动技能来使用生产工具、实现物质资料生产的人",包括知识分子在内的所有劳动者都应提升自身素质以适应社会主义事业的建设要求。面对世界经济、科技竞争的形势和我国经济实力薄弱的基本国情,邓小平同志深刻认识到,科学技术对生产劳动发挥的重要作用,1988年9月,创造性地提出了"科学技术是第一生产力"的重要论断,强调重视科学技术及教育在劳动生产中的作用。同时指出,"我们要实现现代化,关键是科学技术要能上去。发展科学技术,不抓教育不行。靠空讲不能实现现代化,必须有知识,有人才"。"劳动者只有具备较高的科学文化水平,丰富的生产经验,先进的劳动技能,才能在现代化的生产中发挥更大的作用",深刻揭示了教育与生产劳动相结合的本质特征。

第二节　习近平关于劳动和劳动教育的重要论述

党的十八大以来,习近平总书记高度重视劳动和劳动教育,连续在许多重要场合、重要会议和重要讲话中对劳动、劳动者、劳动精神和劳动教育做出了系列重要论述。

一、习近平关于劳动的重要论述

1. 劳动光荣、创造伟大

"劳动是人类的本质活动,劳动光荣、创造伟大是对人类文明进步规律的重要诠释。"习近平总书记多次强调劳动的重要性,"劳动创造了中华民族,造就了中华民族的辉煌历史,也必将创造出中华民族的光明未来。"

习近平总书记充分肯定了劳动的重要价值和意义。2012年11月15日,在十八届中共中央政治局常委同中外记者见面会上的讲话中习近平总书记就满怀深情地表示:"人民对美好生活的向往,就是我们的奋斗目标",并强调人世间的一切幸福都需要靠辛勤的劳动来创造。2013年4月28日,习近平总书记在同全国劳动模范代表座谈时的讲话中讲道:"人民创造历史,劳动开创未来。劳动是推动人类社会进步的根本力量。幸福不会从天而降,梦想不会自动成真。实现我们的奋斗目标,开创我们的美好未来,必须紧紧依靠人民,始终为了人民,必须依靠辛勤劳动、诚实劳动、创造性劳动。"2014年4月30日,习近平总书记在乌鲁木齐接见劳动模范和先进工作者、先进人物代表时的讲话中强调:"劳动是一切成功的必经之路。"2016年4月26日,习近平总书记在知识分子、劳动模范、青年代表座谈会上的讲话中深刻指出:"'人生在勤,勤则不匮。'幸福不会从天降,美好生活靠劳动创造。"2018年4月30日,习近平总书记给中国劳动关系学院劳模本科班学员的回信中对劳动的重要性做了经典描述:"劳动最光荣、劳动最崇高、劳动最伟大、劳动最美丽。"2020年11月24日,习近平总书记在全国劳动模范和先进工作者表彰大会上的讲话中专门强调:"劳动是一切幸福的源泉。"

2023年4月30日,在"五一"国际劳动节到来之际,习近平总书记向全国广大劳动群众致以节日的祝贺和诚挚的慰问,并明确提出:"各级党委和政府要充分激发广大劳动群众的劳动热情和创新创造活力,切实保障广大劳动群众合法权益,用心帮助广大劳动群众排忧解难,推动全社会进一步形成崇尚劳动、尊重劳动者的良好氛围。"

2. 大力弘扬劳模精神、劳动精神、工匠精神

榜样激发无穷力量,精神笃定奋进意志。劳模精神、劳动精神、工匠精神是以爱国主义为核心的民族精神和以改革创新为核心的时代精神的生动体现,是鼓舞全党全国各族人民风雨无阻、勇敢前进的强大精神动力。习近平总书记多次号召我国工人阶级和广大劳动群众大力弘扬劳模精神、劳动精神、工匠精神。

2013年4月28日,习近平总书记在同全国劳动模范代表座谈时的讲话中讲道:"实现我们的发展目标,不仅要在物质上强大起来,而且要在精神上强大起来。全国各族人民都要向劳模学习,以劳模为榜样,发挥只争朝夕的奋斗精神,共同投身实现中华民族伟大复兴的宏伟事业。"

2015年4月28日,在庆祝"五一"国际劳动节暨表彰全国劳动模范和先进工作者大会上的讲话中,习近平总书记指出:"伟大的事业需要伟大的精神,伟大的精神来自于伟大的人民。我们一定要在全社会大力弘扬劳模精神、劳动精神,大力宣传劳动模范和其他典型的先进事迹,引导广大人民群众树立辛勤劳动、诚实劳动、创造性劳动的理念,让劳动光荣、创造伟大成为铿锵的时代强音,让劳动最光荣、劳动最崇高、劳动最伟大、劳动最美丽蔚然成风。"2017年,党的十九大报告中专门提出:"建设知识型、技能型、创新型劳动者大军,弘扬劳模精神和工匠精神,营造劳动光荣的社会风尚和精益求精的敬业风气。"

2020年11月24日,习近平总书记在全国劳动模范和先进工作者表彰大会上,对劳模精神、劳动精神和工匠精神的内涵做了专门论述:"'不惰者,众善之师也。'在长期实践中,我们培育形成了爱岗敬业、争创一流、艰苦奋斗、勇于创新、淡泊名利、甘于奉献的劳模精神,崇尚劳动、热爱劳动、辛勤劳动、诚实劳动的劳动精神,执着专注、精益求精、一丝不苟、追求卓越的工匠精神。"

2021年4月30日,习近平总书记向全国广大劳动群众致以节日的祝贺和诚挚的慰问时强调:"劳动创造幸福,实干成就伟业。希望广大劳动群众大力弘扬劳模精神、劳动精神、工匠精神,勤于创造、勇于奋斗,更好发挥主力军作用,满怀信心投身全面建设社会主义现代化国家、实现中华民族伟大复兴中国梦的伟大事业。"

2023年,在"五一"国际劳动节到来之际,习近平总书记发表重要讲话:"今年是全面贯彻党的二十大精神的开局之年,是实施'十四五'规划承前启后的关键之年。希望广大劳动群众大力弘扬劳模精神、劳动精神、工匠精神,诚实劳动、勤勉工作,锐意创新,敢为人先,依靠劳动创造扎实推进中国式现代化,在强国建设、民族复兴的新征程上充分发挥主力军作用。"

3. 以劳动托起中国梦

一切伟大成就都是接续奋斗的结果,一切伟大事业都需要在继往开来中推进。实现中华民族伟大复兴的中国梦,从根本上需要靠全体人民的劳动、创造和奉献。习近平总书记深情寄语广大劳动者,"以劳动托起中国梦!"

2013年4月28日,习近平总书记在同全国劳动模范代表座谈时的讲话中指出:"千里之行,始于足下。我们国家的发展前景十分光明,但道路不可能一帆风顺,蓝图不可能一蹴而就,梦想不可能一夜成真。人间万事出艰辛。越是美好的未来,越需要我们付出艰辛努力。"

2015年4月28日,习近平总书记在庆祝"五一"国际劳动节暨表彰全国劳动模范和先进工作者大会上的讲话中指出:"三百六十行,行行出状元。任何一名劳动者,要想在百舸争流、千帆竞发的洪流中勇立潮头,在不进则退、不强则弱的竞争中赢得优势,在报效祖国、服务人民的人生中有所作为,就要孜孜不倦学习、勤勉奋发干事。"

2016年4月26日,习近平总书记在知识分子、劳动模范、青年代表座谈会上提出:"全面建成小康社会的奋斗目标,为广大劳动群众指明了光明的未来;全面建成小康社会的历史任务,为广大劳动群众赋予了光荣的使命;全面建成小康社会的伟大征程,为广大劳动群众提供了宝贵的机遇。面对这样一个千帆竞发、百舸争流、有机会干事业、能干成事业的时代,广大劳动群众一定要倍加珍惜、倍加努力。"

2020年11月24日,在全国劳动模范和先进工作者表彰大会上,习近平总书记提出明确要求:"我国工人阶级和广大劳动群众要树立终身学习的理念,养成善于学习、勤于思考的习惯,实现学以养德、学以增智、学以致用。"

劳动创造了中华民族,造就了中华民族的辉煌历史,也必将创造中华民族的光明未来。新时代下进行伟大斗争、建设伟大工程、推进伟大事业、实现伟大梦想,也需要紧紧依靠广大人民自信自强、守正创新的辛勤劳动。中国梦的实现还有很长的路要走,中华民族伟大复兴绝不是轻轻松松、敲锣打鼓就能实现的。中国梦的实现需要全国各族人民的辛勤劳动、诚实劳动和创造性劳动,需要每个人的艰苦奋斗。广大人民在中国共产党的领导之下,致力于用劳动实现自己的人生梦,也将自己的人生梦和中国梦紧密相连,从而推动党和国家事业的快速发展,助力实现中华民族的伟大复兴。正如习近平总书记在二〇二三年新年贺词中所讲:"明天的中国,奋斗创造奇迹。"

二、习近平关于劳动教育的重要论述

党的十八大以来,习近平总书记从党和国家事业发展全局的高度,从培养全面发展的人的高度,深刻阐释了劳动教育的根本性质和重要地位,突出强调了新时代劳动教育的价值取向,系统指明了新时代劳动教育的实施方略,为全面加强新时代劳动教育提供了根本遵循和行动指南。

1. 加强劳动教育,着力培养社会主义建设者和接班人

习近平总书记关于劳动教育的重要论述,着眼于教育是国之大计、党之大计的战略高度,着眼于为党育人、为国育才的时代使命,着眼于培养社会主义建设者和接班人的根本任务,蕴含着"社会主义劳动教育所承载的深远政治价值和战略考量"。

重视劳动教育,是无产阶级政党的鲜明精神底色,加强新时代劳动教育,是不断巩固中国共产党领导地位的必然要求。党的十八大以来,习近平总书记多次告诫广大党员干部要带头踏实劳动,弘扬劳动精神,通过劳动增强同劳动人民的感情,让诚实劳动蔚然成风。习近平总书记曾明确强调:"劳动,是共产党人保持政治本色的重要途径,是共产党人保持政治肌体健康的重要手段,也是共产党人发扬优良作风、自觉抵御'四风'的重要保障。"习近平总书记的这些重要论述,从加强党的政治建设、保持党的先进性和纯洁性的政治高度指出了劳动教育对中国特色社会主义事业所具有的基础性意义。中国特色社会主义事业需要培养出一代又一代真正认同这一事业的建设者和接班人来长期接续奋斗。对于建设者和接班人的培养,最根本的是要帮助他们从小补足理想信念的精神之"钙",劳动教育将"直接决定社会主义建设者和接班人的劳动精神面貌、劳动价值取向和劳动技能水平"。

2. 开展劳动教育,加强学校教育与社会生活、生产实践的直接联系

习近平总书记指出,劳动是人类的本质活动,是推动人类社会进步的根本力量。习近平总书记关于劳动教育的重要论述,蕴含着对其社会属性的深刻诠释。

劳动教育是人类教育活动,也是提高社会物质生产水平的重要途径。决胜全面建成小康社会,进行伟大斗争、建设伟大工程、推进伟大事业、实现伟大梦想,根本上要靠劳动,要靠劳动者的辛勤劳动、诚实劳动和创造性劳动。加强新时代劳动教育,需要高度重视教育事业与经济社会发展的内在关联,加强教育与社会生产之间的适应性。我国已经进入贯彻新发展理念、构建新发展格局、推动高质量发展的新阶段,迫切需要新时代劳动教育助力高素质劳动者的培养。加强劳动教育,加快建设一支"知识型、技能型、创新型劳动者大军",从而促进我国经济高质量发展,为全面建设社会主义现代化国家提供人才支撑。

劳动教育是个人成长与社会发展之间的重要纽带。个人只有亲身参与劳动实践，才能深切体会到一切劳动成果来之不易，才能全面正确了解社会的真实面貌，才能真正激发出服务他人和集体的自觉愿望，并最终锻炼出贡献社会的真实本领。针对当前青少年存在不珍惜劳动成果、不会劳动、不愿劳动、缺乏社会关怀意识和社会责任感的问题，加强新时代劳动教育，就是要通过教育与各类劳动的有机结合，不断增强教育与社会的丰富联系，更好促进学生的社会化成长。因此，"必须加强学校教育与社会生活、生产实践的直接联系，发挥劳动在个人与社会之间的纽带作用，引导学生认识社会，增强社会责任感"。

3. 劳动教育要大力弘扬劳动精神，引领尊重劳动、崇尚劳动的社会风尚

劳动不仅孕育出世界上灿烂各异的民族文化，其自身也蕴含着一个民族所崇尚坚守的劳动价值观念和精神信仰追求。习近平总书记关于劳动教育的重要论述具有深厚的文化底蕴，不仅是对劳动创造人类文明的重要诠释，更是彰显新时代劳动精神风貌，不断引领社会树立崇尚劳动、尊重劳动、热爱劳动等良好时代新风的文化灯塔。

习近平总书记在党的二十大报告中指出："坚持和发展马克思主义，必须同中华优秀传统文化相结合。只有植根本国、本民族历史文化沃土，马克思主义真理之树才能根深叶茂。"从中国特色劳动教育的文化属性溯源来看，中华优秀传统文化是新时代劳动教育的根植沃土和深厚渊源；革命文化是新时代劳动教育的思想火种；社会主义先进文化赋予新时代劳动教育鲜明的时代特色。中华文明根植于农耕文明，勤于劳动、善于创造是中华民族最为鲜明的伟大品格。中国特色的农事节气、各具特色的宅院村落、巧夺天工的农业景观、耕读传家的祖传家训等，无不彰显着中华民族传统中的勤劳智慧和精神追求。新民主主义革命时期，中国共产党始终将劳动教育与中国革命斗争实际相结合，注重以劳动教育唤醒民众革命意识，为革命提供物质保障，实现了革命、生产、教育的相互融合与促进，形成了艰苦奋斗、不怕牺牲的劳动精神和作风。中华人民共和国成立以来，"铁人"王进喜、"两弹一星"元勋邓稼先、"宁愿一人脏，换来万家净"的时传祥、"杂交水稻之父"袁隆平等一大批劳动模范和先进工作者，谱写了社会主义现代化建设中劳动精神发展的新篇章。在湖北省，"人民英雄"张定宇、17年坚守环卫工作岗位的罗善善、近30年累计行程58.5万多公里的邮政投递员熊桂林等人，为社会主义现代化建设中的劳动精神发展增添了光彩的一笔。中华民族在不同历史时期形成的优秀劳动文化，是习近平总书记关于劳动教育的重要论述的深厚历史基础和源头活水，也是新时代劳动教育需要不断坚守并大力弘扬的宝贵精神财富。

2023年5月25日，湖北省第十四届人民代表大会常务委员会第三次会议通过了《湖北省人民代表大会常务委员会关于大力弘扬劳模精神劳动精神工匠精神的决定》，并于公布之日起施行。这是深入贯彻习近平总书记重要指示精神，践行社会主义核心价值观,推进实施科技强省、人才强省、技能强省战略,团结引领全省广大劳动群众通过辛勤劳动、诚实劳动、创造性劳动的有力举措,将为加快建设全国构建新发展格局先行区、奋力谱写全面建设社会主义现代化国家荆楚篇章提供源源不绝的精神动力。

4. 强调劳动教育的育人属性,促进学生实现全面健康发展

马克思主义劳动观认为,劳动创造了人本身,教育与生产劳动相结合是造就全面发展的人的唯一方法。党的十八大以来,习近平总书记高度重视劳动教育在促进人的全面发展中的地位和作用。劳动作为人类社会的基本实践活动,"可以树德、可以增智、可以强体、可以育美",具有很高的综合育人价值,是学生健康成长的重要途径。以劳树德,意味着可以通过劳动实践引导学生自觉继承、弘扬中华民族的勤俭、奋斗、创新、奉献等劳动精神,学会通过辛勤劳动、诚实劳动和创造性劳动在服务与贡献他人和社会的过程中实现自我价值;以劳增智,意味着可以在劳动实践中学会运用人类一切科学知识进行创造性劳动,不断提高自己的思维能力和实践能力;以劳强体,意味着可以通过持续的劳动锻炼获得富有活力的强健体魄,为个人的身心和谐发展奠定良好的身体基础;以劳育美,意味着劳动实践蕴含着真实的审美体验,可以陶冶审美情操,提升对美的欣赏能力,学会自觉通过劳动创造美的生活。

劳动教育事关青少年劳动素养培育,在促进人的全面发展中具有不可替代的育人价值。一方面,学生只有在有目的、有计划地参加日常生活劳动、生产劳动和服务性劳动的过程中,才能掌握未来生活所需的劳动知识、劳动技能,养成辛勤劳动、诚实劳动、创造性劳动的习惯和品质,才能真正经受锻炼、磨炼意志。另一方面,只有通过系统实施的劳动教育,学生才能深刻认识"劳动具有的本源性价值、经济性价值和社会性价值",才能懂得"劳动最光荣、劳动最崇高、劳动最伟大、劳动最美丽"的道理。这需要构建和完善劳动教育的科学育人体系,以符合教育规律、符合学生身心发展规律的方式,创造高质量的劳动教育新格局,创造具有中国特色的劳动教育新模式,促进学生逐渐树立马克思主义劳动观,成为积极投身社会主义事业的建设者和接班人。

三、习近平关于劳动和劳动教育的重要论述的重要意义

习近平总书记关于劳动和劳动教育的重要论述,既是对马克思恩格斯劳动教育思想的继承发展,丰富创新了中国共产党劳动教育思想,又是对中华优秀传统文化中的劳动教育思想的传承延续,具有丰富的理论价值和重要的实践意义。

1. 理论价值

首先,继承发展了马克思恩格斯劳动教育思想。

劳动是一切价值的根源。马克思的两大发现——剩余价值理论和唯物史观都基于

劳动问题而展开,教育与生产劳动相结合应运而生。习近平总书记关于劳动和劳动教育的重要论述在继承发扬马克思恩格斯劳动教育思想的基础上,回应时代诉求,为劳动教育赋予新的使命。

劳动教育作为"五育"的中介具有综合性的育人价值,不仅仅是生产性劳动的价值所在,已然成为全面发展的社会主义建设者和接班人的重要教育形式和手段。同时劳动教育也不仅是学校教育,需要家庭、学校与社会全面配合,为劳动教育的实施营造良好的氛围。基于时代视角,这一论述格外重视劳动价值观这一核心素养的培育,主张任何有价值的劳动都必须得到尊重与支持,要夯实学生热爱劳动、热爱劳动人民的价值观根基,要在继承劳动才能实现人的自由和解放思想的基础上让新时代劳动成为享受幸福生活的动力之源。可以看出,这一重要论述绝不是对马克思恩格斯劳动教育思想的简单复刻,而是融入时代思想的创造性继承,契合时代诉求也超越以往劳动教育的狭隘界限。

其次,丰富创新了中国共产党劳动教育思想。

在中国共产党的奋斗历程中,劳动教育一直支撑着党的各项事业。在新民主主义革命时期,劳动教育作为革命斗争的重要途径,用来呼唤战斗意志、壮大革命力量。在社会主义革命和建设时期,劳动教育主要服务于社会主义革命和生产建设,助力恢复国民经济建设,表现出了更强的政治性,生产技术教育成了主要内容。随着社会各方面的推进与建设,劳动教育的内容也更加丰富,劳动技能成为国民素质的重要组成。劳动教育在中国共产党的教育事业中不断被重视。

党的十八大以来,以劳动托起中国梦,劳动被赋予了全新的时代内涵,劳动教育与德育、智育、体育、美育并列正式成为中国人才培养体系的重要组成部分。习近平总书记多次强调时代发展变化、劳动形态变化,创造性劳动能力的培养在劳动教育中占据更大比重,劳动价值观教育和劳动素养的养成也成为教育的重点。在这种教育氛围下,青年一代对劳动及劳动人民的情感会更加浓烈,有助于他们认识到自身的成长对祖国建设的重要性,创造出更多的关于劳动的新认识、新观点,为劳动教育理论不断增添光彩活力,实现内源性新生发展。

习近平总书记关于劳动和劳动教育的重要论述,立足时代发展诉求,在坚持和发展中国特色社会主义的过程中赋予劳动教育政治功能、经济功能、育人功能,服务于治国理政,推动社会经济发展,为培养德智体美劳全面发展的高素质劳动人才提供坚实的理论基础,极大丰富了中国共产党劳动教育思想。

最后,传承延续了中华优秀传统文化中的劳动教育思想。

习近平总书记关于劳动和劳动教育的重要论述植根于中华优秀传统文化的深厚沃土之中,以富有民族特色的话语彰显着时代价值。以习近平同志为核心的党中央将民族文化与时代要求进行深入互动,创新性地传承延续了中华优秀传统文化中的劳动教育思想。

勤劳智慧的中国人民热爱劳动、艰苦奋斗,具有很多劳动教育的传统。在中华优秀传统文化中,劳动教育总是以"耕读结合"的形式出现,是教育与生产劳动相结合的原初形式。在习近平总书记关于劳动和劳动教育的重要论述中,我们总是可以看到习近平总书记深厚的传统文化底蕴。习近平总书记引用《尚书·周书·周官》中的"功崇惟志,业广惟勤"来强调辛勤劳动的重要性,激励广大劳动人民以勤劳品质为中华民族伟大复兴的中国梦添砖加瓦;引用唐代诗人杜荀鹤的"少年辛苦终身事,莫向光阴惰寸功"鼓励青少年要刻苦读书,为自己的人生打下坚实的根基,莫要懒惰成性,浪费光阴;引用清代钱德苍的"一勤天下无难事"来告诫中国人民,勤劳努力就会收获幸福实现梦想。从习近平总书记用典中可以窥见他丰富的传统文化知识和独到的传统文化见解,为中华优秀传统文化在新时代大地绽放光彩提供了阵地。习近平总书记关于中华优秀传统文化中的劳动教育思想的论述,更加注重对劳动人民综合素质的全面培养,倡导劳动者通过自身辛勤劳动、诚实劳动、创造性劳动来憧憬美好未来,与历史同向,与祖国同行,与人民同在。

2. 实践意义

首先,指引开创全方位劳动教育工作新局面。

劳动教育在历史发展中一直是中国共产党教育事业的重要组成部分,但始终没有被作为独立的一部分,大多情况依附于德育和思想政治教育的开展。在发展过程中劳动教育工作的开展始终存在瓶颈,一直存在被淡化、弱化的倾向,在家庭、学校、社会的三重影响下使得劳动教育一直被边缘化,家庭劳动教育缺失,学校劳动教育没有得到贯彻,社会劳动教育也没有做到良性循环,长期以来劳动教育一直陷于困境之中,急需突破当前的瓶颈。

党的十八大以来,习近平总书记在多个场合提出一系列重要论述,强调要将劳动教育纳入人才培养方案之中,从各方面保障劳动教育工作的贯彻实施。以多维角度为当前劳动教育的开展提供切实可循的实践路径,为新时代劳动教育工作的振兴指明方向。

习近平总书记指出:"全社会要担负起青少年成长成才的责任。"全社会要充分利用各方面资源,积极搭建劳动教育的实习场地和活动空间。政府、企业、工会、共青团等的共同努力为劳动教育的实施提供充分的支持与保障,使青年学子可以在多个场合进行劳动锻炼,丰富劳动见识与体验。

新时代劳动教育正是在以习近平同志为核心的党中央的领导下,在家庭、学校、社会全方位的育人格局下得到充分推进展开的。新时代劳动教育正焕发着生机与活力,为新时代德智体美劳全面发展的时代新人提供更具价值的推动力。

其次,引领尊重劳动、崇尚劳动的社会风尚。

习近平总书记指出:"无论时代条件如何变化,我们始终都要崇尚劳动、尊重劳动者。"尊重劳动、崇尚劳动是社会主义精神文明建设的应有之义,是当今中国每一个人心中需要树立的劳动价值观。这种价值观念的养成归根结底需要加强劳动教育。

新时代,习近平总书记不断阐述劳动教育的重要意义,劳动教育被单独规划,只有在全社会形成尊重劳动、崇尚劳动的良好风尚,才能为广大劳动人民提供更广阔的奋斗天地。把劳动教育作为良好社会风尚养成的有力抓手,一是大力弘扬劳模精神、劳动精神、工匠精神。劳动模范是中国工人阶级中一个闪光的群体,谱写了新时代的动人赞歌。二是宣传"劳动四最"的价值导向。"劳动四最"是广大工人阶级需要树立的劳动价值观,为广大工人阶级奠定了内心的主观情感选择,主张人们在投身劳动的过程中能够发现乐趣、保持热忱、展现价值、成就风采,拥有积极的劳动态度。三是发扬辛勤劳动、诚实劳动、创造性劳动的劳动理念,为良好社会风尚养成提供践行路径。"民生在勤,勤则不匮。"勤勉做事、脚踏实地、敢为人先是劳动人民始终保持的劳动信仰,是中国工人阶级成为主人翁的有力武器。

在习近平总书记关于劳动和劳动教育的重要论述的引领下,尊重劳动、崇尚劳动成为逐渐盛行的良好社会风尚。尊重劳动强调人们将对劳动的认可和尊敬内化于心、外化于行,是劳动者的内心情感的升华。崇尚劳动则彰显了劳动者在劳动过程中保持劳动理想的难得品质。这种良好社会风尚的养成肯定了劳动者的自身价值和社会地位,也为广大青年保持自身热忱争做中国特色社会主义建设者和接班人提供了精神指引。

最后,助力新时代青年德智体美劳全面发展。

劳动教育若不能与德智体美四育很好融合、发挥最大价值,就会成为新时代教育制度体系全面发展的短板。新时代,习近平总书记创造性地将劳动教育作为与德智体美四育并列的教育内容提出,将其作为人才培养的重要内容,助力青年德智体美劳全面发展。

劳动可以树德、增智、强体、育美,把劳动教育纳入人才培养的教育方案体系中具有重要意义,有利于破解中国劳动教育长期被忽视的局面,让青年一代得到全面培养。劳动教育被纳入我国教育事业总体布局之中,不仅自身得到加强,也为德智体美四育的发展提供了有力支撑。同时劳动教育也依附于德智体美四育的实施与推进,为青年学子劳动价值观的树立和劳动素养的养成提供了可靠的支撑。劳动教育成为中国人才培养体系中举足轻重的组成部分,与德智体美四育同等重要,为培养德智体美劳全面发展的时代新人提供了理论支撑和实践向导。

青年一代作为实现中国梦的支柱力量,只有全面、全方位发展才能不断筑梦远航。只有具备综合素质才能经受住人生的种种考验,担负起历史使命。劳动者的素质是一个国家素质的重要指标,反映了一个国家和民族的创造力、发展力。习近平总书记提出要培养知识型、技能型、创新型的高素质劳动人才,这是新时代劳动教育的实施指南。劳动教育为新时代德智体美劳全方位发展的青年立德立心、立学立身、立思立行,使广大青年不断锻造自己的技能本领,提升创新能力,以正确的劳动价值观指导自己的未来发展,具备吃苦耐劳和艰苦奋斗的精神,能够到最艰苦的地区和行业去实现人生梦想,做中国特色社会主义新时代的奋斗者、开拓者和奉献者。

47年前这篇报道,记述了习近平一件劳动往事
2022年5月1日

1975年9月20日,中秋节。《延安通讯》头版头条刊登报道《取火记——延川县人民大办沼气见闻》,详细介绍了梁家河村的"沼气革命"。当时,年轻的村支书习近平带领群众建成陕西第一口沼气池,轰动了整个延川县。

习近平初到梁家河插队时,看到当地群众不仅口粮严重不足,连煮饭的柴火也是问题。担任村支书后,他一直在思考解决村民砍柴难、做饭难、照明难的办法。

一天夜里,习近平在《人民日报》上读到一篇介绍四川推广利用沼气的报道,顿时心潮澎湃——要是梁家河也能像四川一样利用沼气煮饭、照明该有多好! 不久,延川县委决定派6人前往四川"取经",习近平是其中一员。

"取经"回来,习近平开建沼气池。要把设想变为现实,靠什么?就得靠劳动、靠实干。《取火记》中写道:"建池需要沙子,可是梁家河没有,习近平同志就带领几个青年到15里外的前马沟去挖;建池的水泥运不进沟,他又带头从15里外的公社背了回来;没石灰,他们又自己办起烧灰场……"

经过20多天紧张施工,沼气池眼看就要大功告成,人们突然发现池子漏水跑气,如果不及时清理水粪就有报废的危险。习近平毫不犹豫,同几个年轻后生连夜用桶往外吊水粪。面对沾满粪浆、又脏又臭的沼气池,习近平和技术员二话不说,直接跳进池子里,用清水洗刷池壁,寻找裂纹,进行修补。

劳动出奇迹。1974年7月中旬,沼气池顺利点火,梁家河亮起了陕北高原上的第一盏沼气灯,困扰老百姓多年的烧柴问题也得以解决。直到10多年后村里通上电,沼气池才退出历史舞台。

在陕北插队那些年,习近平什么苦活累活脏活险活都干过,而且抢着干,从来"不撒尖"(陕北方言:不偷懒)。带村民打井,他两腿踩在泥水里,一干就是好长时间;打淤地坝,他用手抓住夯石的绳子,用尽全力砸黄土,手掌磨得全是水泡;冬天需要下到粪池里起粪,每次都是他第一个跳下去。

离开梁家河后,习近平一直保持着劳动本色。在河北正定,考察时赶上乡亲们锄地、间苗,他拿起锄头就跟大家一起干;在福建宁德,他的住处放着四副挑土的簸箕,两三把锄头,这是他劳动时用的工具;在浙江矿区,他换上工作服,乘罐笼下到近千米的井底,弯腰弓身沿着低矮狭窄的斜井看望慰问煤矿工……

"我们的根扎在劳动人民之中。"习近平礼赞劳动创造,要求大力弘扬劳模精神、劳动精神、工匠精神。他说,劳动最光荣、劳动最崇高、劳动最伟大、劳动最美丽。

党的十八大以来,习近平也经常同群众一起参加劳动。2016年2月,他来到江西井冈山神山村,了解当地精准扶贫情况,同村民一起打糍粑;2019年8月,在甘肃古浪县八步沙林场,他拿起一把开沟犁参与治沙劳动;这10年,他坚持参加首都义务植树活动,挥锹铲土、提水浇灌……

作为从劳动人民中走出来的党和国家领导人,习近平对劳动者权益保障问题十分关心。10年来,养老、医疗等社会保障领域改革不断深化;高校毕业生、农民工等重点群体就业保障政策全面落实;劳动法、社会保险法等劳动领域立法也在逐渐完善。

社会主义是干出来的,新时代也是干出来的。

"劳动是财富的源泉,也是幸福的源泉。"习近平说,"人世间的美好梦想,只有通过诚实劳动才能实现;发展中的各种难题,只有通过诚实劳动才能破解;生命里的一切辉煌,只有通过诚实劳动才能铸就。"

(出处:学习强国。网址:https://www.xuexi.cn/lgpage/detail/index.html?id=7995411390327987840&item_id=7995411390327987840)

第二章 劳动基础知识、劳动能力与劳动素养评价

【本章导读】

　　培养学生的劳动素养是劳动教育的关键所在。本章结合现代劳动的特点,针对劳动教育实施的具体内容,对大学生应掌握的现代劳动基本知识与技能、应具备的劳动能力、应了解的劳动心理特性和劳动素养评价标准进行阐述。

【学习目标】

　　(1) 理解现代劳动的内涵发展,掌握劳动基础知识。
　　(2) 明确大学生应具备的关键劳动能力和应有的劳动心理准备。
　　(3) 了解劳动素养的评价模式,能对自身劳动素养做简单评估。

第一节　劳动职业分类与职业资格

一、劳动职业分类

1. 职业的概念

所谓职业,就是人们在社会生活中对社会所承担的一定职责和所从事的专门业务,并以此作为主要生活来源和谋生手段的一种社会活动。也就是说,根据社会分工,每个有劳动能力的人总是在一定的行业中承担一定的职责、从事某项专门的工作或劳动,以获得一定的劳动报酬(成果),为自己的生存和发展提供保障,也为社会创造财富。

职业是一个历史范畴,是社会分工的产物。自原始社会后期相继出现畜牧业、农业和手工业的大分工以来,随着经济的发展及社会生活需要的增多,人类社会职业生活的发展日趋多样化,经过无数次的分化、组合,现代社会名目繁多的职业和行业就形成了。

2. 职业的分类

职业分类是指以工作性质的同一性为基本原则,对社会职业进行系统的划分与归类。职业分类的目的是将社会上纷繁复杂、数以万计的现行工作类型划分成类系有别、规范统一、井然有序的层次或类别。

2022年7月,新修订的《中华人民共和国职业分类大典》把职业划分为8个大类、79个中类、449个小类、1636个细类(职业)、2967个工种。其中绿色职业133个(标注为L)、数字职业97个(标注为S)、既是绿色职业又是数字职业23个(标注为L/S)。

第一大类:党的机关、国家机关、群众团体和社会组织、企事业单位负责人,其中包括6个中类。

第二大类:专业技术人员,其中包括11个中类。

第三大类:办事人员和有关人员,其中包括4个中类。

第四大类:社会生产服务和生活服务人员,其中包括15个中类。

第五大类:农、林、牧、渔业生产及辅助人员,其中包括6个中类。

第六大类:生产制造及有关人员,其中包括32个中类。

第七大类:军队人员,其中包括4个中类。

第八大类:不便分类的其他从业人员,其中包括1个中类。

3. 职业分类特征

1）产业性特征

职业从产业划分的角度可分为三类。第一产业包括农业、林业、牧业和渔业等；第二产业是工业和建筑业，工业包括采掘业、制造业等；第三产业是流通业和服务业。在传统农业社会，农业人口比重最大；在工业社会，工业的职业数量和就业人口显著增加；在科学技术高度发达和经济发展迅速的社会，第三产业的职业数量和就业人口显著增加。

2）职位性特征

一种职业可被认为是一定的职权和相应的责任的集合体。职权和责任的统一形成职位的功能，职权和责任是组成职位的两个基本要素；职权相同，责任一致，就是同一职位。在职业分类中每一种职业都含有职位的特性。比如大学教师职业包含助教、讲师、教授等职位。

3）组群性特征

职业的组群性特征是指同一职业可以包含多种群组的行业或岗位。无论以何种依据来划分，职业都带有组群特点，且必须具备一定的从业人数。比如科学研究人员中包含哲学、社会学、经济学、医学等，咨询服务事业包括心理咨询工作者、职业咨询工作者等。因此，除少数职业的从业人员非常少之外，大多数职业都由大批的从业人员构成，形成较大规模的职业性群体。

4）时空性特征

职业的时空性特征是指随着时间和空间的变化，职业的划分及内容也会有相应的区别。随着社会的发展，职业变化迅速，除了弃旧更新外，同一种职业的活动内容和方式也在发生变化，所以职业的划分带有明显的时代性。在空间上职业种类分布有区域、城乡、行业或者国别上的差别。

二、职业资格及认定

1. 职业资格

职业资格是对从事某一职业的劳动者提出的必备的学识、技术和能力的基本要求。职业资格包括从业资格和执业资格。从业资格是指从事某一专业（工种）学识、技术和能力的起点标准。执业资格是指政府对某些责任较大、社会通用性强、关系公共利益的专业（工种）实行准入控制，是依法独立开业或从事某一特定专业（工种）学识、技术和能力的必备标准。职业资格分别由国务院劳动、人事行政部门通过学历认定、资格考试等方式评价，对合格者授予国家职业资格证书。2021年版《国家职业资格目录》共计72项职业资格。优化后的目录与2017年公布的相比,职业资格减少了68项,削减49%,对于进一步提高职业资格设置管理科学化、规范化水平,推动降低就业创业门槛,优化就业创业环境,推动高质量发展具有重要意义。

2. 职业资格认证

职业资格认证制度是劳动就业制度的一项重要内容,也是一种特殊形式的国家考试制度。它是按照国家制定的相关职业技能标准或任职资格条件,通过政府批准的考核鉴定机构,对劳动者的技能水平或职业资格进行公正、科学、规范的考核和鉴定,对合格者授予相应的国家职业资格证书,表明劳动者具有从事某一特定职业所必备的学识和技能的制度。

执业资格认证是国家对某行业或领域的从业人员采取的强制性的认证行为,只有获得该资格认证的人才能够在这一行业或领域的岗位上工作。这类认证具有国家性、强制性、权威性和必须性的特点。例如,我国司法行政部门针对司法从业人员设有国家统一司法考试和认证,通过了司法考试和相应认证的人才能成为从业法官、检察官或律师;我国医疗卫生部门对医生也设有国家考试和资格认证,只有获得了"执业医师资格证"的人才能成为从业医生。一般而言,执业资格证书涉及的是与国家权力、社会公共利益等有紧密联系的行业或领域,因而必须通过国家或政府行为来进行认证。

职业资格水平认证同样与某行业的岗位有关,是对该行业或领域某一岗位上的从业人员是否具备相应的水平、达到哪一个等级的评价。职业资格水平认证不同于执业资格认证,它是对某一岗位从业人员的水平或能力的一种评价和认证,往往不具有国家强制性和必须性。

在计划经济时代,这一类认证的主体是国家的行业部委或下属的企业。随着我国政府机构改革的推进,过去的行业部委纷纷改组原隶属于政府的行业协会,在从业人员继续教育与培训、行业认证等方面发挥着越来越重要的作用,并逐渐成为职业资格(水平)认证的主角。

三、职业心理

1. 职业心理内涵

职业心理是指人们在对自我、职业和社会的认识基础之上,形成的对待职业和职业行为的一种心理系统,主要包括对待职业的某种价值取向、兴趣和态度。具体来讲,个体的职业心理结构包括以下三个相辅相成的系统。

(1)职业导向系统,包括职业价值观、世界观、职业伦理。职业导向系统中的各种成分引导个体去选择特定的职业、追求特定的职业目标、接受和内化职业价值、确立正确的职业角色、评价自己和别人的职业行为、努力争取职业成功。例如，在新中国成立初期人们对职业的名声特别重视，因此，青年往往选择当时声望比较高的军人，从而出现了"参军热"的现象；但是如今，青年对自我发展和自我价值特别重视，因此，人们往往选择那些有发展机会的职业和单位。这就是职业价值观对人们职业行为的作用，它决定了人们的职业目标和选择职业的标准。

（2）职业动力系统，包括需要、动机、兴趣、信念、理想。职业动力系统中的各种成分推动和维持个体去努力实现职业目标，推动个体积极树立职业目标、克服各种各样的困难、坚持不懈地争取职业和人生的完善。比如，当一个人的主导需要是发展型需要时，他就会选择发展机会较好的工作，并且在工作中不断虚心地学习新知识、新技能，不断地积累自己的经验，从而能够发挥自己的特长以便在工作中获得最大的发展。但是，当一个人的主导需要是享受型需要时，他就会选择生活起来比较舒适的工作，并且工作热情也不会很高，他的目标就是生活过得舒适，不会努力争取，去获得很大的发展。

（3）职业功能系统，包括气质、性格、能力。职业功能系统中的各种成分保证个体胜任特定的职业，同时，在努力胜任挑战工作任务的过程中，个体的心理功能也得到磨砺、发展和加强。一个人的气质、性格和能力特点往往决定了一个人适合从事的职业。比如，如果一个人具有音乐的特殊才能，那么他就适于从事与音乐有关的职业。当然，职业也会在一定程度上塑造一个人的气质、性格和能力，一个比较内向的人在从事一段时间的公关工作后，可能会变得活泼开朗、性格外向。因此，职业功能系统影响一个人所从事的职业，反过来，一个人所从事的职业也会影响和塑造一个人的个性。

2. 职业倦怠的影响因素

职业倦怠，也称职业枯竭或工作耗竭，指个体长期暴露在工作压力下的一种反应综合征，一般表现为情绪耗竭、人格解体和工作成就感降低。一般认为职业倦怠受环境和个体两方面的影响。

从环境方面来看，工作负荷过大会影响人的职业倦怠水平。如果一个人经历了长期的超负荷工作，并且工作中有较多的压力源，那么他很可能会出现工作耗竭，产生对工作抱持消极态度的症状。角色冲突和角色模糊也会导致职业倦怠。角色冲突可能是在工作内产生的，也可能是在工作和家庭中产生的。当个体同时面对工作要求和家庭责任时，冲突就发生了。一些工作对同一个体有多元化的要求，极易产生角色冲突和角色模糊，从而导致效率低下，工作满意度降低。人际交往的状态对人的工作感受有极大影响。研究表明，工作中的人际关系对工作满意度很重要，工作上的社会支持可以减少应激反应。工作反馈不足或者工作反馈偏负面亦会导致职业倦怠。

从个体方面来看，高神经质、精神质的个体对职业压力的反应更强烈，他们更容易感受到来自外在的压力，因此也更容易出现职业倦怠问题。低效能感的个体在工作中面临挑战时会产生紧张感,从而产生消极态度。心理韧性高的员工能够应对各种挑战、快速适应工作和生活并培养积极的工作态度和人际关系。心理韧性越高,则工作应激反应越低,职业倦怠的严重程度也越低。

3. 职业倦怠的应对方法

在组织层面上,想要降低员工的职业倦怠水平,可以从以下方面进行干预:第一是明确员工的任务分配情况,向员工提供建设性的反馈;第二是更多地接纳员工对组织管理、制度的意见;第三是进行工作业绩评定时,员工的优点、贡献、失误、缺点都要放在重要位置,善于发现员工的闪光点;第四是为员工提供个人成长相关的培训机会;第五是解决员工的个体问题,使员工感受到关怀;第六是可以开展一些员工援助项目,协助员工处理自身的情绪。

在个体层面上,职业倦怠水平较高的个体可以通过以下方式进行调整:第一是认识上的改变,个体应当提升对自己的能力和机会的明晰程度;第二是用积极、有建设性的行动来对待问题;第三是可以开展一些归因训练,使自己成为更加内控的人;第四是更积极地表达自己的意见,尽最大可能改变环境;第五是开展一些工作以外的爱好和创造性活动,建立合理的饮食和锻炼习惯。

第二节 现代劳动的基础知识

构建新时代高校劳动教育体系,就是通过劳动思想教育、劳动知识与技能培育及劳动实践锻炼的"三位一体",实现"活性劳动知识""感性劳动知识""理性劳动知识"的融会贯通;通过思政劳育、专业劳育、实践劳育、课程劳育、学术劳育促使大学生改变劳动精神面貌、端正劳动价值取向、提升劳动技能水平。随着科技与经济的快速发展,劳动的类型日新月异,涌现出了企业战略规划、社会调查研究等管理劳动,机械设计与加工、电工电子技术等科技劳动,社会志愿活动等服务劳动,以及 Photoshop 修图、计算机编程等数字劳动。这些劳动对增加社会财富、推动国民经济发展具有重要的意义。掌握现代劳动的基础知识,对我国推行劳动教育有着举足轻重的作用。(图3.1)

一、管理劳动

人类进行生产的基本形式是共同劳动。无论是在原始的共同劳动形式下,还是在现代社会化大生产方式下,只要劳动过程采取共同进行、相互协作的形式,就需要对它进行必要的组织和指挥,就需要有管理职能的存在。管理劳动就是通过决策、计划、组织、指

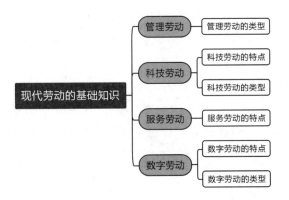

图 3.1 现代劳动的基础知识框架

挥和控制,将投入生产经营的各种要素进行整合、调度和激发,使之合理有效配置,从而促进总产出提高的劳动。

管理具有二重性:一方面,管理由许多人通过协作劳动而产生,是有效组织共同劳动所必需的,具有同生产力和社会化大生产相联系的自然属性;另一方面,管理又体现着生产资料所有者指挥劳动、监督劳动的意志,因此,它又有同生产关系和社会制度相联系的社会属性。

在进行现代劳动教育过程中,掌握一定的管理劳动知识十分必要。本书将管理劳动知识概括为以下几类。

(1) 劳动法律法规知识:包括《中华人民共和国劳动合同法》《中华人民共和国劳动争议调解仲裁法》等,以及员工权益保护、合同签订和解除、工资支付和调整等方面的法律规定。

(2) 企业职工管理知识:包括员工招聘、薪资管理、绩效评估、培训与发展等方面的知识。

(3) 工作流程和标准化管理知识:包换工作流程的建立和优化、标准操作规范的编制和执行等方面的知识。

(4) 劳动安全卫生知识:包括国家劳动安全卫生法规标准,以及在企业中建立安全管理体系,做好职业卫生、环保等方面的知识。

(5) 素质管理知识:包括员工职业道德和职业精神、沟通与协作、团队建设等方面的知识。

(6) 人力资源管理知识:包括企业人力资源规划、招聘、培训、绩效考核、薪酬管理、员工关系处理等方面的知识。

(7) 社会保险知识:包括企业承担的社会保险种类和相关政策,以及员工社会保险缴纳和福利待遇方面的知识。

(8) 职业技能与专业知识:包括所负责工作相关的专业技能和专业知识。

（9）社会调查研究方法知识：包括课题确定的方法，抽样的方法，调查研究方案设计和条件准备的方法，搜集资料的方法，调查资料整理、分析的方法，撰写调查报告的方法等方面的知识。

其中，社会调查研究是指人们有计划、有目的地运用一定的手段和方法，对有关社会事实进行资料收集、整理和分析研究，进而做出描述、解释和提出对策的社会实践活动和认识活动。一般而言，社会调查研究可以分为四个阶段，即准备阶段、调查阶段、分析阶段与总结阶段。社会调查研究必须遵循客观性原则、科学性原则、系统性原则、理论与实践相结合原则、伦理道德原则。（图3.2）

图3.2　湖北美好公益研究院赴竹溪开展乡村振兴大调研活动

二、科技劳动

现在，人们通过科技劳动创造的财富和价值量越来越大，"科学技术是第一生产力"成为人们的共识。科技劳动是指将科学应用于生产，创造出一系列新的工具、手段、工艺，并掌握和运用它们来进行生产，即由科学到技术，再由技术到生产的应用过程，是以脑力耗费为主的高知识型、创新型复杂劳动。

1. 科技劳动的特点

随着社会的不断发展，科技劳动所包含的内容越来越丰富，与此相应的是，科学技术的内容也在不断扩展。通过对科技劳动的特点进行研究，我们能够对科技劳动有更深层次的认识。

1）科技劳动具有创造性和探索性的特点

科技劳动的核心与本质在于"创造"二字，创造性自然也就成为科技劳动的基本特点。探索性也是科技劳动一个十分鲜明的特点。科学研究的一个重要目的就是探索和发现未知的事物,认识和理解事物运动的客观规律。科技劳动的过程是科技劳动者向"未知"领域进行探索的艰难过程。科技劳动者在这个过程中把"未知"转化为"已知",把已知较少的转变为已知较多的。这个过程不但是一个"知其然"的过程,而且是一个"知其所以然"的过程。

2)科技劳动具有高知识含量的特点

科技劳动无论是其劳动过程还是其劳动结果,都蕴含了极大的知识量。首先,劳动者作为一个重要的因素在科技劳动的过程之中有着高知识含量的特点。其次,科技劳动的劳动产品具有高知识含量的特点。最后,高知识含量是科技劳动内在发展的必然要求。科技劳动之所以被称为科技劳动就是在于其具有科技的因素,这是与其他劳动之间的显著区别。科技劳动的发展目标就是生产高质量、高层次的科技产品,因此高知识含量就是它必不可少的一个特点。

3)科技劳动具有专业化、多学科组合的特点

科技劳动者受过专门化的高等教育,掌握现代先进的科学知识,具有熟练的实践操作技能,成为科技劳动区别于其他劳动的最大特点。在知识经济时代中,科技劳动的过程出现了不同学科之间综合化、交叉化的趋势,这是科技劳动的必然发展趋势。科技劳动者不但需要掌握本专业的理论知识,而且需要对与其工作相关的其他学科的理论知识有一定程度的了解。

2. 科技劳动的类型

科技劳动可以依照不同的标准进行分类,系统地细分科技劳动有助于我们全面理解科技劳动的组成,可以更加深入地认识科技劳动在现代社会中的重要作用。

以科技劳动的内容作为划分依据,科技劳动可以分为科学劳动和技术劳动。科学劳动是以发展自然科学和人文科学为目的,对新的思想、新的观点、新的理论进行发现、传播的劳动。技术劳动是人类依据自身的需求对客观世界进行改造,包括生产工具、生产工艺、生产流程和生产技术的设计、发明、运用和传播的劳动。

以科技劳动的过程作为划分依据,科技劳动被人们分为基础性劳动、程序性劳动。基础性劳动是指劳动者普遍能够从事的、科技含量较低的、创新程度不高的劳动。程序性劳动是指需要经历长时间的训练,具有一定的创新能力和重复性的劳动。

以科技劳动的作用作为划分依据,科技劳动可以分为科技研发劳动、科技教育培训劳动以及科技服务劳动。科技研发劳动就是增加能够指导人类认识和改造客观世界的知识理论的总量,以及把已有的科学技术系统创新性地应用到直接生产过程中的劳动。科技教育培训劳动的内容极其丰富,它包括对企业员工进行在职培训,普通大众的继续教育培养、传统的高等教育培养以及对科学家、工程师等专业人员的培养等。科技服务

劳动是指进行科学分析和实验开展,有助于促进科技知识的产生、推广和使用的活动。(图 3.3)

图 3.3　湖北省科学技术厅举办 2023 年全国科技活动周特色科技活动

科技劳动一方面推动了生产方式的进步,成为创造价值的主要劳动形式,对劳动者就业产生深远的影响;另一方面也对人类的整体发展起到了重要的作用。我们应该在马克思主义理论的指导下对科技劳动进行深刻研究,在研究的过程中深入发展科技劳动,让科技劳动发挥出更大的作用。

三、服务劳动

随着生产力的发展和生产方式的改进,社会分工日益深化,劳动的具体表现形式越来越多样,服务劳动逐渐兴起。在知识经济时代,服务劳动泛指第三产业,即广义的服务业的劳动。

与生产性劳动相比,当代服务劳动有自身的特点,主要体现在以下几个方面。

(1) 高附加值性。当代服务劳动的绝大部分是现代科技劳动,是掌握了现代科学技术的高级的复杂的脑力劳动,相较于一般劳动会创造出更多的价值量。

(2) 价值创造的动态性。生产领域内的劳动生产的商品是物质的、有形的,其劳动结果具有物质承担者,劳动处于凝固状态。而当代服务劳动生产的商品大多是非物质的、无形的,劳动结果大多没有物质承担者,劳动处于流动状态。因此当代服务劳动,主要不是以实物形式的使用价值作为其价值的物质担负物,而是以运动形式的使用价值作为其价值的物质担负物。

(3) 服务商品的生产与消费的同时性。对物质商品而言,其生产和消费是可以分离的,而服务商品的生产和消费具有同时性,即服务商品的生产过程也就是服务商品的消费过程,因此服务商品是难以储存的。

(4) 服务商品的价值不一定由社会必要劳动时间决定。很多服务商品的价值量不是由社会必要劳动时间决定的,而是由个别劳动时间决定的。

(5) 个别价值转化为社会价值的过程性。实物商品个别价值转化为社会价值是在生产过程结束后的流通过程中进行的。但对于服务商品,其价值转换究竟是在服务之前还是在服务过程中进行,存在争议。

四、数字劳动

在新的时代背景下,随着互联网信息技术的普及和数字经济的发展,一种新的劳动形式——数字劳动,如雨后春笋,为数字经济的增长做出卓著的贡献,数字劳动以一种前所未有的规模渗透到社会经济文化的各个领域,教育领域也不例外。在数字劳动的影响下,劳动教育的内容、形式、特征等发生了巨大变化。

目前,学界并没有关于数字劳动的具体界定,但是有两种认识。一种认为数字劳动是一种非物质劳动形式,是伴随着互联网经济的发展而出现的。另一种认为数字劳动在本质上还是物质劳动,不仅包括数字媒介生产、流通与使用等的脑力劳动,也包括多种形式的体力劳动。但无论是非物质的还是物质的劳动,其共同特征是都需要人付出时间、体力、知识或技能。总的来看,数字劳动从广义上是指依靠数字信息技术而涉及脑力或体力等的劳动;从狭义上是指在数字时代,人们以数字技术、信息技术和互联网为支撑,存在一定空间,且消耗了人们时间的数据化、网络化的劳动形式。数字劳动是数字技术与人类劳动的有机结合,从而衍生出的新的劳动样态,具有如下几个特点。

(1) 数字劳动呈现出普及化和多元化的新发展样态。相较于传统劳动形式而言,数字时代的劳动更具有包容性,劳动力类型更趋于多元化,劳动主体不局限于工人,还包括大学生、知识分子、农民以及无业人士在内的全体社会成员。

(2) 数字劳动具有创新性。人工智能时代到来,数字劳动对传统劳动方式进行了创新。其一,劳动平台从实体化变为虚拟化。数字劳动从以往的线下生产方式变为线下线上相结合的生产方式,大大节约了生产、交易成本。其二,数字劳动延伸劳动场所。数字劳动者创造价值不受时间和空间的限制,在一定程度上拥有了自主权,但由于不受时空的限制,数字劳动者进行数字劳动时被压迫和剥削程度呈现出隐秘化的特点。

(3) 数字劳动具有高效性。数字劳动者要求高素质、高标准、高要求,年轻化、拥有技能知识的数字劳动者更受青睐,数字技能成为基本能力要求,这些因素促进了就业趋势逐渐走向高端化。数字技术尤其是高端核心技术,在数字劳动创造价值过程中尤为重要,也促成了数字劳动的高效性。数字劳动将会推动传统产业进行调整升级,淘汰落后产业,优化升级新兴产业,数字劳动的快速发展可能会引发劳动就业结构调整和就业岗位竞争。

第三节 劳动能力

劳动能力是顺利完成劳动任务所需的胜任力,是个体的劳动知识、技能、行为方式等在劳动实践中的综合表现。劳动能力决定了劳动成果的呈现,能对劳动认知、劳动情感起到正向或负向的反哺作用,是劳动教育的关键内容。本节将从一般性劳动能力、职业性劳动能力、创造性劳动能力、劳动协同管理能力入手,对大学生所应具备的各项劳动能力进行解读。

一、一般性劳动能力

一般性劳动能力,多指人们在工作和生活中,运用普遍的、基本的劳动技能和职业技能所具备的能力。

根据所开展劳动的内容,大学生一般性劳动能力可以分为日常生活劳动能力、生产劳动能力和服务性劳动能力。日常生活劳动能力是劳动者从事日常生活活动所需具备的劳动能力;生产劳动能力是劳动者从事生产活动所需具备的劳动能力;服务性劳动能力是劳动者从事服务性活动所需具备的劳动能力。从这三方面入手,高校应采取培训基础劳动技能、建设学生社团和团队等措施,对学生进行一般性劳动能力培养。

二、职业性劳动能力

职业性劳动能力是指经过专业训练,具备专门知识的劳动能力。

职业性劳动能力的内涵随着劳动观念的发展而不断升级。在现代社会,传统观念中劳动的重复性和天然蕴含的疲乏感被更深入地挖掘,呈现出对协调性、专注力等匠人品质和精神的重视;劳动教育场所由局限的学校拓展到开阔的家庭、学校、社会,强调校园教学与社会劳动的一体同心;在个体生命历程中,劳动教育由其短暂的青少年阶段,拓展到不断发展的人生职业道路各个阶段,随着职业生涯的发展而逐步延伸。职业性劳动能力作为新时代劳动观念的载体,体现了对高校大学生劳动教育专业性、深入性的高要求。职业性劳动能力一般包括职业规划能力、职业核心能力、职业道德素养三大板块。

三、创造性劳动能力

创造性劳动能力是劳动者能够熟练掌握最新劳动技能,在劳动过程中充分发挥主体性、独特性和创新性的能力。

创造性劳动能力主要包括发现问题的能力、创造性解决问题的能力以及创新能力三个方面。发现问题的能力是从外界众多的信息源中,能够清楚地了解已知知识和现实的区别的能力,要求学生通过表面现象看到行为背后的动机、现象背后的本质;创造性解决问题的能力是人们运用观念、规则等对客观问题进行分析并提出创造性的解决方案的能力,要求学生以创造性的思维逻辑探析问题的解决方案;创新能力是技术和各种实践活动领域中不断提供具有经济价值、社会价值、生态价值的新思想、新理论、新方法和新发明的能力。

劳动者从创造性劳动中,可以获得三个方面的提升,这构成了创造性劳动能力的重要特征。

第一,创造性劳动能力是一种自由劳动的能力。在创造性劳动的过程中,劳动者可以不断获取更为丰富的对自然规律的认知,掌握更为前沿的改造客观世界的手段。第二,创造性劳动能力是一种相互协作的劳动能力。创造性劳动具有更强的社会属性,更强调人与人之间的协作。第三,创造性劳动能力是一种感知意义的劳动能力。创造性劳动以创新的活力和打破思维定式的勇气使劳动过程中的机械重复得以避免,使劳动者具有更强的自主性、创造性和对劳动活动的热情。

大学生拥有奋发有为的青春活力、不拘一格的创造能力、敢为天下先的精神风貌,只有通过对大学生创造性劳动能力的培养,这种闯劲和活力才能被引导到正确的轨道上来。创造性劳动能力培养是大学生自我发展需要。不能将大学生自由创造的潜力和活力局限于"被发现",而是要对大学生群体进行引导、规范,并不断发掘其创造特质、激活其主动创造活力。大学生创造性劳动能力的培养既是有创造能力的大学生不断被培育的过程,也是大学生个体自由全面发展的过程。

四、劳动协同管理能力

在现代社会,劳动分工更为具体,个人所掌握的知识和信息非常有限,人们青睐于相互依存,工作任务的完成往往需要依靠整个组织的协同管理。劳动协同管理能力是劳动者通过多人之间的协作与协同工作,共同完成某项任务或目标的能力,在现代社会的劳动分工中占据重要地位。劳动协同管理能力不具备前面几种劳动能力内在的"任务指向性",而往往具有"关系塑造性"的特征,倾向于通过个人、组织的协作与约束来提高劳动效率。作为现代社会的预备劳动力,大学生要具备自我管理能力、时间管理能力、沟通交流能力、团队合作能力。

自我管理能力是指受教育者依靠主观能动性,按照社会目标和要求,有意识、有目的地对自己的思想、行为进行转化控制的能力。自我管理能力一般包括自我评估、自我完善和自我管理三个方面。

时间管理能力是指具备事先规划和运用一定的技巧、方法与工具实现对时间灵活及有效的运用,从而实现个人或组织的既定目标的能力。

沟通交流能力是指通过情感、态度、思想、观点的交流,建立良好协作关系的能力。沟通交流能力的核心是要善于理解他人的立场观点,并善于说服别人。

团队合作能力是指建立在团队基础之上,发挥团队精神,互补互助,以达到团队最大工作效率的能力。在现代社会,团队合作能力已得到广泛认同,成为现代社会评价人才、用人单位选用人才的一项基本素质标准。

第四节　劳动素养评价

一、劳动素养

"劳动素养"一词从结构上分析,由"劳动"和"素养"组成。在本书第一章,我们已对劳动的含义进行了界定:劳动指的是具有一定劳动知识和技能的人或人群使用劳动工具,通过体力或脑力消耗的方式,以获取劳动成果满足人类生存发展需要为目的,对外部对象实施改造的活动。素养在《现代汉语词典(第 7 版)》中解释为"平日的修养",而修养则指"理论、知识、艺术、思想等方面的一定水平",也指"养成的正确的待人处事的态度"。因而,素养主要指学生在长期劳动学习与实践过程中逐步形成的、适应个人终身发展和社会发展需要的价值观、必备知识和关键能力的综合表现,包括劳动的价值观(态度)、劳动的知识与能力。

由此,劳动素养是指个体通过劳动所形成的与劳动相关的品质修养和行为能力。对于大学生而言,劳动素养是大学生通过日常生活劳动、生产劳动以及服务性劳动等教育活动逐步形成和深化的相关必备人格品质和行为能力。

二、劳动素养评价

劳动素养评价对劳动教育的实施具有重要的育人导向和反馈改进功能。大学生作为即将参加社会劳动的高素质人才,其劳动素养水平对社会经济的高质量发展起着至关重要的作用,建立科学的劳动素养评价体系具有重要的理论与现实意义。

1. 劳动素养评价模式的基本形态

大学生劳动素养评价模式具有"三层次"的结构形态,它由核心层、内涵层和外延层组成。其中,核心层为劳动素养评价的核心,包括立德树人、引导教学、服务选才的基本功能,体现劳动素养评价的核心价值,回答"为什么要评"的问题;内涵层由劳动素养评价的四个维度构成,即劳动观念、劳动精神、劳动能力和劳动习惯品质,是劳动素养目标内容在评价中的提炼,回答"评什么"的问题;外延层包括评价方式,如平时表现评价、综合素质评价和毕业融合考查等评价方式,回答"怎样评"的问题。(图 3.4)

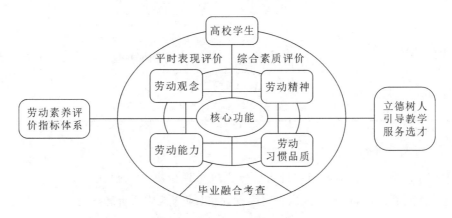

图 3.4 高校大学生劳动素养评价三层次模式

2. 劳动素养评价指标体系设计

大学生劳动素养评价模式的内涵层,不仅包括劳动素养维度,还应有相应的劳动素养评价指标体系。本书设计的劳动素养评价指标体系如表 3.1 所示,劳动素养评价指标体系包括四个一级指标,即劳动观念、劳动精神、劳动能力和劳动习惯品质四个评价维度,将其分解,可获得八个二级指标,再将二级指标分解,可获得十六个三级指标(即对二级指标内涵的表述),其可作为素养测评的观测点。根据劳动教育评价理念及评价结果应用要求,还需要对劳动素养评价指标体系中的各项指标进行加权赋分(表 3.1 中各指标后面括号内的数字仅为示例)。

表 3.1 劳动素养评价指标体系

一级指标	二级指标	三级指标(二级指标内涵)	赋分评价
一、劳动观念(20分)	1.认知劳动(10分)	1) 理解劳动特征与类型(5分) 2) 理解劳动价值和意义(5分)	(1) 根据劳动教育评价理念及评价结果需要,对二级指标内涵(三级指标)进行加权赋分,总分100分;(2) 劳动素养评价可给出原始分,也可根据分数段给出"合格"与"不合格"的评价结果
	2.尊重劳动(10分)	1) 尊重劳动者(5分) 2) 珍惜劳动成果(5分)	
二、劳动精神(20分)	1.敬业精神(10分)	1) 敬业奉献传统(5分) 2) 团队协作精神(5分)	
	2.创新精神(10分)	1) 劳动改进意识(5分) 2) 劳动创新意识(5分)	
三、劳动能力(40分)	1.运用工具(10分)	1) 掌握传统劳动工具能力(5分) 2) 掌握现代劳动器具能力(5分)	
	2.劳动实践(30分)	1) 完成简单劳动任务的能力(10分) 2) 完成复杂劳动任务的能力(20分)	
四、劳动习惯品质(20分)	1.劳动习惯(10分)	1) 自愿自觉、坚持不懈参加劳动(5分) 2) 将设想转化为劳动成果的习惯(5分)	
	2.劳动品质(10分)	1) 吃苦耐劳的劳动品质(5分) 2) 诚实守信的劳动品质(5分)	

3. 劳动素养评价方式

评价方式是根据劳动素养评价指标体系进行评价操作的模式。基于新时代背景的大学生劳动素养评价,可分别采取平时表现评价、综合素质评价和毕业融合考查等方式。

1) 平时表现评价

平时表现评价是在平时劳动课程和实践活动中对学生进行的及时评价,其特点是让学生成为评价活动的主体,促使学生在平时劳动实践中养成爱劳动的习惯,促进其劳动素养水平的逐步提高。这种评价方式所处的劳动情境,应尽可能多样化、生活化和特色化,让学生对劳动有快乐感和收获感。科技创新活动、社会研学活动等都可以成为动手动脑的劳动大课堂,成为评价学生劳动素养的情境。当然,学校应该安排好劳动情境下的信息采集、分析、整理工作,以形成学生劳动素养档案。此外,平时表现评价也可以根据高校的办学特色或特色项目进行专项评价,比如有的高校以科技创新活动为特色,拥有这方面的优质资源,也可以结合科技创新活动这种创造性劳动情境,将科技创新过程中的选题立意、实验研究和作品制作等作为劳动素养评价指标体系中的三级指标(二级指标内涵或观测点),对学生进行劳动素养评价。

2）综合素质评价

综合素质评价是结合新时代要求对大学生进行评价的一种方式。近年来,高等教育改革要求加强和改进对大学生的综合素质评价,其评价内容主要包括思想品德、学业水平、身心健康、艺术素养和社会实践等。教育部文件还明确提出了综合素质评价的评价程序:(1)写实记录;(2)整理遴选;(3)公示审核;(4)形成档案;(5)材料使用。高校可将学生综合素质档案提供给用人单位使用。高等教育综合素质评价内容中的"社会实践""创新精神与实践能力""劳动与技能"以及"探究与实践",都需要在动手动脑的实践情境中进行,与劳动素养评价有着天然的联系和一定程度的重合。或者说,大学生的综合素质评价中有劳动素养评价的成分。因此,综合素质评价也可以看作是大学生劳动素养评价的一种方式。

3）毕业融合考查

一直以来,高校人才培养存在着知识习得与能力养成"两张皮"、学习水平与实践能力"不般配"等现象。为了解决上述问题,许多高校推出了"第二课堂"毕业学分要求。"第二课堂"以育人为核心,以培养学生课外学习能力和综合素质为目标,是学校课程培养计划之外开展的开放式教育活动和实践活动的综合,包括社会实践、志愿服务、参加学术活动、创新创业、素质拓展、文体竞赛、担任团学干部等方面,是对课程教学"第一课堂"的延伸和拓展。高校"第二课堂"是培养德智体美劳全面发展时代新人的重要载体,在很大程度上与劳动素养教育的培养要求一致。

第四章 劳动精神与高校劳动文化建设

【本章导读】

　　劳动精神是开展劳动教育、培养新时代劳动者的理念认知、价值追求和劳动状态、行为实践的集中体现。劳动精神的内涵体现为"崇尚劳动、热爱劳动、辛勤劳动、诚实劳动",在新时代中国特色社会主义伟大实践中具体展开为劳模精神、工匠精神、科学家精神。与劳动精神密切相关的是劳动文化建设,劳动文化反映了整个社会的核心劳动价值观,具有涵养劳动情怀、提升劳动素养、养成劳动习惯的功能。高校劳动文化建设需要从主体、形式和内容三个维度展开。

【学习目标】

　　(1) 理解劳动精神、劳模精神、工匠精神、科学家精神的丰富内涵及其相互关系。
　　(2) 思考践行劳动精神、劳模精神、工匠精神、科学家精神的途径与形式。
　　(3) 理解高校劳动文化的内涵及建设途径。

第一节　劳动精神及其培育

一、劳动精神的科学内涵

劳动精神是对马克思主义劳动观的丰富和发展,是对长期奋斗在一线的广大劳动者劳动经验和劳动智慧的总结与肯定。劳动精神的内涵是丰富的,是从千千万万劳动群众身上提炼和升华出来的精神气质,是劳动者劳动意识、劳动理念、劳动态度、劳动习惯的集中体现。

1. 崇尚劳动

崇尚劳动是劳动精神的价值认同。崇尚劳动是中华民族自古以来的优良传统,在我国的历史文化思想中,曾出现过很多推崇劳动和倡导劳动的优秀思想观念,如明代冯梦龙在《醒世恒言》中写道"富贵本无根,尽从勤里得"。近代以来,在马克思主义的引领下及中国共产党的带领下,我们对劳动有了科学认识:人是劳动的产物,劳动创造了人类生存所必需的全部物质条件和精神条件。(图4.1)

图 4.1　党的二十大代表翁新强(中)带领社员种植五味子脱贫致富

(图片来源:https://www.cug.edu.cn/info/10802/101273.htm)

中国特色社会主义事业建设进入新的历史阶段,崇尚劳动作为新时代劳动精神的内涵之一,具有明确的指向性。一是要形成马克思主义劳动观,牢固树立劳动最光荣、劳动最崇高、劳动最伟大、劳动最美丽的观念。二是要养成崇尚劳动、尊重劳动者的思维习惯与社会风气,营造人人参与劳动、人人是光荣劳动者的良好局面,让尊重劳动、崇尚劳动蔚然成风。

2. 热爱劳动

热爱劳动是劳动精神的情感认同。劳动作为人生存和发展的基本方式，不仅创造物质财富满足生活所需，还创造了精神财富。每个劳动者都能通过劳动来实现自己的梦想，使自己收获满足感、快乐感、尊严感，在创造丰富的物质财富的同时，拥有丰盈的精神世界。

热爱劳动的情感导向，能够培养正确的劳动态度，使劳动者能够自觉、积极、主动地劳动。倡导"劳动光荣"是中国特色社会主义进入新时代的必然要求，劳动者要以主人翁的姿态对待劳动，把劳动作为自己的基本权利和职责，积极参加生产劳动，在劳动中充分发挥主观能动性，投入劳动、爱岗敬业，在劳动中实现自我价值的同时，为中华民族伟大复兴贡献力量。

3. 辛勤劳动

辛勤劳动是劳动精神的实践认同。从历史依据来看，中国人民通过世世代代的辛勤劳动、艰苦奋斗，创造了光辉灿烂的中华文明。中国共产党自成立以来，团结带领中国人民经过艰苦卓绝的奋斗，创造了世所罕见的经济快速发展和社会长期稳定两大奇迹，探索出了中国式现代化道路，创造了人类文明新形态。辛勤劳动是摆脱贫困最可靠的手段，是创造财富的唯一途径，是对一切不劳而获、贪图享乐、崇尚暴富的错误观念的有力批判。

辛勤劳动是劳动精神的实践状态，是对劳动过程及其强度的充分肯定。"辛勤"表明劳动要充分遵循劳动的客观规律以及要达到的劳动强度，体力劳动要付出辛劳和汗水，脑力劳动也要付出智慧和心血。劳动在本质上是实践的。中国特色社会主义进入新时代，劳动者要脚踏实地、动手实践、出力流汗，唯有如此才能成业成事、兴业兴国。

4. 诚实劳动

诚实劳动是劳动精神的道德认同。诚实劳动为劳动者划定了劳动的道德底线，明确了劳动的道德规范。诚实劳动需要劳动者能够坦诚自觉、真实负责、安全守纪地参与和开展劳动实践，形成诚实守信的合法劳动意识和恪守规则的良好精神品质。

新时代劳动精神既是对以往优秀劳动观的延续，也是对当代劳动新问题的回答。新时代劳动精神提倡诚实劳动，是当前社会文化发展的客观需求，也是经济运行体系的必然要求。劳动者应当在劳动过程中恪尽职守、遵规守纪，内诚于心、外信于人，言行一致、诚实守信，达到内在道德修养与外在行为准则的统一。劳动者只有通过踏踏实实、真抓实干、实事求是的诚实劳动，才能真正实现梦想、铸就辉煌事业。

二、劳动精神的培育

劳动精神是劳动者在劳动过程中应秉持的价值取向和展现出的精神风貌，不同的文化背景和社会形态下，人们对劳动和劳动精神的理解均有差异。长期以来，我国在中华优秀传统文化的熏陶下，在马克思主义的具体指导下，在中国特色社会主义伟大实践中，凝聚出富有时代特色的劳动精神，包括勤俭节约的劳动态度、艰苦奋斗的劳动意志和勇于创新的劳动思维。新时代大学生须从以下方面培育和践行劳动精神。

1. 端正劳动态度

劳动是人的本质活动，人只有在劳动中才能体现自己的独特价值，才能实现自己的人生意义。大学生要通过劳动实现自己的价值，离不开劳动精神的推动。而培育和践行劳动精神的前提是，要提高对劳动和劳动精神的认识、理解和领悟，端正对待劳动的态度，这对正确践行劳动精神有至关重要的作用。

一是要以马克思主义劳动观为指导，深化正确的劳动认知。马克思主义劳动观是科学的劳动观，是马克思主义理论体系的重要组成部分，它第一次全面阐述了劳动在人类社会发展史上的决定性作用，由此揭示了人类社会发展的一般规律，不仅在人类劳动学说史上具有重要的里程碑意义，而且对新时代坚持和发展中国特色社会主义、实现中华民族伟大复兴具有重要的理论和现实意义。高校要引导大学生掌握马克思主义劳动观这把"总钥匙"，使大学生在面对各种社会现象、价值选择、人生考量时，做到是非明、方向清、路子正，明白只有付出辛勤劳动才能结出果实，理解劳动"创造人、创造价值、创造财富、创造美好生活"之理，真心地尊重劳动与劳动者，确立"劳动最光荣、劳动最崇高、劳动最伟大、劳动最美丽"的观念。

二是要以中华优秀传统文化为源泉，汲取勤俭的传统美德。中华民族自古就是勤劳的民族，勤俭节约更是一项重要的传统美德，是我们代代相传的生活态度。纵观历史发展，无论是古代的万里长城、兵马俑，还是今日的"神舟"飞天、"蛟龙"下海；无论是从前的文景之治、李唐盛世，还是如今稳居世界第二大经济体的巨大成就，一点一滴都蕴含着中华儿女的劳动智慧，都凝聚着每一位劳动者的聪明才智。勤劳是创造美好生活的前提，而节俭则是幸福生活能够延续的保障。当代大学生出生于物质条件优渥的二十一世纪，更要加强对中华优秀传统文化的学习、继承和发扬，认真领悟勤俭的现实意义，深刻体会勤俭作为劳动精神重要组成部分的原因，从小端正勤俭节约的劳动态度，珍惜劳动成果，自觉抵制奢侈浪费的恶习，树立劳动光荣、浪费可耻的基本态度，将勤俭节约这个中华民族的传家宝继承和发扬好，代代传下去。

2. 锤炼劳动意志

劳动意志是指人们在进行劳动时所表现出来的意志品质,包括决心、坚定性、耐心、毅力等。劳动意志与劳动精神是密不可分的,劳动意志与劳动精神相互促进、相互强化,共同构成了劳动者的整体素质。培育劳动精神需要我们同时锤炼好劳动意志。

一是要积极投身社会实践,做到以行求知。2021年4月29日,全国人民代表大会常务委员会作出修改《中华人民共和国教育法》的决定,从国家法律层面将新时代教育方针明确表述为"教育必须为社会主义现代化建设服务、为人民服务,必须与生产劳动和社会实践相结合,培养德智体美劳全面发展的社会主义建设者和接班人"。正所谓实践出真知,当代大学生生逢其时,也重任在肩,要顺利成长为社会主义建设者和接班人,其核心要素是要实现德智体美劳全面发展,其中劳动教育与劳动实践是青年大学生成长成才过程中的关键一环,也是知识获取最深刻、掌握最牢固的一种学习方式。教育部前部长陈宝生强调:"劳动精神是在劳动实践中培养出来的,劳动教育不能泛化,必须按照《中共中央 国务院关于全面加强新时代大中小学劳动教育的意见》要求,突出劳动教育重点,组织学生实实在在地劳动,以体力劳动为主,让学生在劳动中出力流汗,坚持日常生活自理,定期到工厂、农村劳动,到社会参加义务劳动,完成一定劳动任务。"在此基础上,家庭、学校、社会也要为青年学生的社会实践提供实实在在的机会和指导,教育引导学生增强责任意识,在实践的练兵场上锤炼艰苦奋斗的劳动意志。

二是要主动参加志愿服务,做到以知促行。从国家层面来看,党的十八大以来,党和国家高度重视志愿服务。教育部印发的《大中小学劳动教育指导纲要(试行)》明确指出,大学生应"强化服务性劳动,自觉参与教室、食堂、校园场所的卫生保洁、绿化美化和管理服务等,结合'三支一扶'、大学生志愿服务西部计划、'青年红色筑梦之旅''三下乡'等社会实践活动开展服务性劳动,强化公共服务意识和面对重大疫情、灾害等危机主动作为的奉献精神"。从社会层面来看,"奉献、友爱、互助、进步"的志愿服务精神已经深入人心,不同机构与部门均在为大学生参加志愿服务提供平台。从个人层面来看,以志愿服务为载体,将劳动教育融入其中,能使大学生在帮助他人和服务社会的实践中升华劳动情感,实现劳动精神从"隐"到"显"的转化,促使劳动精神在大学生心中生根发芽、开花结果。

三是要从自身职业规划出发,做到知行合一。大学处于学校和社会的过渡阶段,拥有广阔的实践平台和机会。大学生通过参加社会实践与志愿服务,结合在"第一课堂"习得的专业知识,可以使理论与实践有机结合,不仅能够建立起对社会的初步认知、树立正确的择业观,还能够不断提升自己的劳动技能、积累劳动经验,为后续职业发展规划打下坚实的基础。

3. 强化劳动思维

劳动思维的核心在于创新。党的二十大报告强调"必须坚持科技是第一生产力、人才是第一资源、创新是第一动力,深入实施科教兴国战略、人才强国战略、创新驱动发展战略,开辟发展新领域新赛道,不断塑造发展新动能新优势"。创新通常指运用已有知识,对事物进行改进或创造而产生超常价值的劳动实践形式,是引领驱动事物发展的内在力量。创新的标志在于通过创造性劳动取得"人无我有、人有我强、人强我优"的突破性成果,凝结着人们打破思维定式与条条框框、敢走前人未走之路的勇气和智慧,是敢闯敢试的进取意识、不落窠臼的超越思维和标新立异的创造能力等品格的综合呈现,是劳动精神最具时代特色的表征。自古以来,人类社会发展中的伟大变革皆因科技产生。对于当前的中国,创新是突破发达国家技术封锁、加快科技和社会发展的第一动力,是实现第二个百年奋斗目标的关键所在,关系着中华民族能否一直屹立在世界民族之林。青年学生作为科技创新的主力军,青年强则国家强,要加强大学生劳动教育,就必须强化青年学生创新意识的培养、创新思维的训练。

一是要注重挖掘和培养大学生的兴趣,激发创新意识。家庭和学校要注重引导大学生的好奇心和求知欲,鼓励学生勤思考、多尝试,发展自己的兴趣爱好,将兴趣与实际相结合,将爱好与专业相衔接。二是要持续加强创新创业教育和平台建设,为大学生开展创新创业活动营造良好生态。高校要将创新创业教育纳入学校的重点工作,不断完善软硬件设施建设、制度建设、组织建设,针对指导老师和学生团队制定合理的奖励资助政策,加大创新创业活动的宣传,切实做好"互联网+""挑战杯""创青春"等大型创新创业竞赛的项目培育和筛选。三是加强科研团队、实验室、导师制等不同的平台与制度建设,鼓励并吸引大学生投身基础科学研究,从小处做起,从不起眼处发力,一步一步积累经验,不断提高实践动手能力,强化创新的劳动思维。(图 4.2)

图 4.2　高校学生参加"互联网+"大赛锻炼实践能力、劳动思维

(图片来源:https://www.cug.edu.cn/info/10506/100063.htm)

第二节　劳模精神、工匠精神、科学家精神的特质

劳动精神的主体是广大劳动者，正是广大劳动者的一致行动和共同努力，才产生了劳动精神。在新时代中国特色社会主义伟大实践中，劳动精神又可以具体展开为劳模精神、工匠精神、科学家精神。劳模精神、工匠精神、科学家精神是劳动者在不同领域所展现出的优秀品质和精神风貌，是人类文明进步的动力源泉。

一、劳动精神与劳模精神、工匠精神、科学家精神的关系

劳动精神致力于激发广大劳动者辛勤劳动、诚实劳动、创造性劳动，并让劳动者成为最受尊敬的人，是作为一名合格的劳动者应该具备的精神，是所有劳动者的一种共性表达。劳模精神、科学家精神是以劳动模范、科学家为主体的群体对劳动精神的集中展现，具有示范引领的榜样作用，从外部影响和引领每一位劳动者比先进、超先进、从平凡走向不平凡，是超越别人的精神。工匠精神则是从内部唤醒和激励每一位劳动者不断挑战自我、超越自我，是超越自己的精神；它揭示了锐意进取、精益求精的劳动者个性，这种个性是劳动者的核心竞争力，是杰出劳动者的根源。可见，劳动精神与其他三种精神表现为整体与局部的、共性与个性的关系，劳动精神是劳模精神、工匠精神、科学家精神的基础，劳模精神、工匠精神、科学家精神是劳动精神在新时代的集中体现和逻辑展开。

劳动精神与劳模精神、工匠精神、科学家精神都是密不可分的。进一步系统考察劳动精神与其他三种精神之间的内在关联，我们会发现，从劳动精神到工匠精神再到劳模精神、科学家精神是产生主体、逻辑关系和价值导向的有机统一。

第一，从产生主体来看，劳动精神的主体是广大的普通劳动者群体，劳模精神的主体是为社会做出突出贡献的劳动模范群体，工匠精神的主体是面向拥有专业特长和一技之能的产业工人，科学家精神的主体是潜心致研、服务社会、追求真理、传播真知的科学家群体。这决定了它们的内涵具有各自的特殊性。同时，尽管主体不同，但无论是劳动模范、科学家还是工匠，首先都是劳动者的一员。因此，它们的内涵又具有一定的共同性。一言以蔽之，无论是劳模精神、科学家精神还是工匠精神，其精神渊源皆出自劳动精神。甚至可以说，劳模精神、科学家精神和工匠精神在本质上也是一种劳动精神，是劳动精神向更高层次、更高面向的跃升。

第二，从逻辑关系来看，劳动精神与其他三种精神涵盖了劳动精神的不同发展层次。劳动精神可分为三种层次。第一层次是作为一个合格的劳动者应该具备的精神特征，即

崇尚劳动、热爱劳动、辛勤劳动、诚实劳动，也就是具备想干、爱干、苦干、实干的基本劳动素养。第二层次是作为一个专业的劳动者，即工匠应该具备的精神特征，即执着专注、精益求精、一丝不苟、追求卓越，也就是具备懂技术、会创新的专业劳动素养。第三层次是作为一个模范的劳动者，即劳模应该具备的精神特征，也就是爱岗敬业、争创一流，艰苦奋斗、勇于创新，淡泊名利、甘于奉献，具备有理想守信念、懂技术会创新、敢担当讲奉献的卓越劳动素养，具有信仰坚定、胸怀全局、担当奉献、引领示范等精神品质。

第三，从价值导向来看，劳模精神、科学家精神具有政治性、引领性、示范性；工匠精神具有专业性、技术性、严谨性；劳动精神则具有普遍性、广泛性、基础性。实际上，对于劳动者而言，从劳动精神到工匠精神再到劳模精神、科学家精神的不同阶段，意味着从一个合格型劳动者到专业型劳动者再到楷模型劳动者的变化过程，即劳动精神（合格型劳动者）—工匠精神（专业型劳动者）—劳模精神、科学家精神（楷模型劳动者）。在这一过程中，也实现了崇尚劳动、热爱劳动、辛勤劳动、诚实劳动、持续性劳动、科学劳动、创造性劳动、完美劳动、引领性劳动、幸福劳动等劳动理论与实践的发展。

二、敬业和奉献是劳模精神的特质

劳动模范身上体现的爱岗敬业、争创一流，艰苦奋斗、勇于创新，淡泊名利、甘于奉献的劳模精神，是伟大时代精神的生动体现。习近平总书记关于劳模精神的表述，为我们科学理解和大力弘扬劳模精神提供了正确的方向和指导。习近平总书记总结的劳模精神六大内涵集中体现了马克思主义的实践观、劳动观、群众观和发展观，共同构成了劳模精神的主要内容，不仅体现了劳动者的优秀品质和奋斗精神，也体现了劳动者的职业素养和道德风范，彰显了巨大的精神力量。

1. 爱岗敬业

爱岗敬业是指劳动者无论从事什么职业、身处何种岗位，都要热爱自己的本职工作，以恭敬严肃的态度对待自己的职业劳动。劳动是人类生存繁衍的前提，是人类社会存在发展的基础，因此人们逐渐产生了崇尚劳动的观念。随着社会生产力不断发展，在劳动过程中逐渐出现了分工现象，产生了劳动职业与岗位，工业时代的商品生产需求使得职业与岗位划分更加细致，崇尚劳动的观念逐渐演化为爱岗敬业精神。

爱岗敬业精神在中国自古有之。在春秋战国时代，《论语》中"敬事而信"的说法就强调对待工作要心无旁骛、专心致志，儒家的尽忠职守思想也标志着爱岗敬业精神在中国的初步形成。在儒家思想的影响下，爱岗敬业精神也备受后世学者推崇，梁启超更是提出"百行业为先，万恶懒为首"的观点，说明爱岗敬业精神是中华优秀传统文化的组成部分，也是当代劳模精神的重要源泉。

爱岗敬业不仅是劳模的共同特点,也是对普通劳动者的基本要求。劳动者只要以主人翁责任感和强烈的事业心对待工作,积极弘扬工匠精神、努力成为"行家里手",都能在平凡的岗位上做出不平凡的业绩。

"种子专家"钟扬

钟扬是复旦大学生命科学学院教授、博士生导师,也是中共中央组织部选派的第六、七、八批援藏干部。他长期从事植物学、生物信息学研究和教学工作,坚守"只要国家需要、人类需要,再艰苦的科研也要做"的理念,在青藏高原跋涉数十万公里,收集上千种植物的数千万颗种子,为国家和人类储存下绵延后世的基因宝藏,把爱的种子播撒在祖国雪域高原。

2. 争创一流

争创一流是以高标准、高目标要求自我,力求在自己的岗位上做出跻身一流的成就。当今不少劳动者存在保守思想和畏难情绪,对待工作缺乏热情,对待挑战缺乏信心,对待竞争自我退却,进而形成了消极劳动观念。我们要摒弃消极劳动观念,学习广大劳模身上面对困难百折不挠、面对挑战一往无前、面对竞争争优创先的坚韧意志,这就是争创一流的劳模精神。

争创一流要求劳动者争取创造一流的业绩,以敢为人先、追求卓越的精神充分发挥主观能动性,兼具世界眼光与开放思维,保持积极进取的心态和昂扬向上的精神,努力去追求心中完美的理想目标。当前我国正面临激烈的国际竞争,更需要全社会的劳动者勇挑重担,提升紧迫感,增强使命感,勇往直前、开拓进取,用一流的科技成就捍卫中国的尊严与自信。

"科研疯子"黄大年

黄大年是吉林大学地球探测科学与技术学院教授,为响应国家海外高层次人才归国的号召,他放弃了国外优越的工作生活条件而选择回国。他筹划组建了"吉林大学移动平台探测技术研发中心"和"吉林大学海洋油气资源研究中心",将多学科优势资源整合到国家急需的陆地和海洋资源勘探领域中,同时担任国家"863 计划"航空探测装备主题项目和地球深部探测关键仪器装备研制与实验项目的首席科学家。他凝聚带领 400 多名中国高校和中国科学院的优秀科技人员,取得了一系列重大成果,使我国成为继俄罗斯之后第二个具备万米大陆科学钻探技术能力的国家。

3. 艰苦奋斗

艰苦奋斗的精神贯穿于中华民族五千年历史,"成由勤俭败由奢"的古训蕴含着深厚的勤俭节约、刻苦努力的民族精神。改革开放以来,生活水平的提升让部分人逐渐产生了追求享乐、奢靡腐化的错误认知,社会也形成了一定程度的追求消费、铺张浪费的不良风气,给中国经济社会良性发展带来思想隐患,这就要求全社会必须大力弘扬艰苦奋斗精神。

艰苦奋斗是中国共产党的政治本色,也是当代中国劳模精神的本质特征之一。从新中国成立到中国特色社会主义进入新时代,一代代劳动群众和劳动模范,如人民公仆焦裕禄、"共和国勋章"获得者钟南山等,都在用辛勤汗水浇灌新中国的建设、用专业知识护航新时代的征程。个人的幸福生活要靠个人的辛勤付出来换取,中华民族伟大复兴的梦想也要靠全国人民的艰苦奋斗来实现。

劳动者要以当代劳模为榜样,自觉抵制拜金主义、享乐主义和奢靡之风,自强不息、艰苦奋斗,吃苦在前、享受在后,以永不懈怠的精神风貌努力实现人生价值、为党和人民的事业奉献力量。

中国"氢弹之父"于敏

于敏是中国著名核物理学家、"共和国勋章"获得者。他在中国氢弹原理突破中解决了诸多问题,提出了从原理到构形基本完整的设想。因为从事工作的保密性需要,他隐姓埋名长达28年,在当时中国遭受重重封锁的情况下,依靠勤奋进行艰难的理论和实践探索。由于缺乏大型计算机,于敏带领科研团队靠着每人一把计算尺,不分昼夜地进行相关计算,硬生生凭借着人力突破了氢弹研发的"计算关",对中国核武器发展到国际先进水平做出重要贡献。

4. 勇于创新

创新是人类有意识的创造性实践活动,既是满足人类自身需求的必要行为,也是推动社会产业变革的决定性力量。创新是一种更加高级的劳动实践,人们通过创新有目的、有计划地改变现有客观事物的形态、属性与功能,也意味着创新要比普通劳动投入更多的时间、付出更多的心血。所以说,勇于创新是一种难能可贵的精神,它要求劳动者打破常规状态、勇闯未知领域,突破旧体制、建立新机制,面对失败毫不气馁,以坚忍执着的精神和创新求变的思维创造独树一帜的成果。

中国共产党历来高度重视创新对科技进步、国家发展的关键作用。习近平总书记在党的二十大报告中提出"完善科技创新体系""加快实施创新驱动发展战略"的新时代国家发展战略目标。

新时代的中国只有不断创新才能从容应对风云变幻的国际局势和愈加激烈的国际竞争,这就要求广大劳动者发扬勇于创新的劳模精神,强化创造意识、培育创新思维、增强创新能力,以百折不挠的勇气直面挑战、善抓机遇,把自己锻造为知识型、技能型、创新型人才。

"卫星之父"孙家栋

孙家栋是我国著名的航天技术专家、人造卫星技术和深空探测技术的开拓者之一、"两弹一星"功勋奖章和"共和国勋章"获得者。他曾多年担任我国人造卫星的技术负责人、总设计师职务,主持完成了我国第一颗人造地球卫星、第一颗返回式卫星和第一颗地球静止轨道通信卫星的总体设计。他是我国卫星导航系统的开创者之一,是我国北斗卫星导航系统工程总设计师。他也是我国月球探测的主要倡导者之一,明确了我国月球探测的发展方向、目标和路线图。从"东方红一号"到"嫦娥""北斗",他将全部心血倾注于中国航天事业,见证了中国航天事业从无到有、从小到大、从弱到强的过程。

5.淡泊名利

淡泊名利是一种崇高的品德,要求人们不要为名利所累,以豁达的心态正确看待财富与名声,守得住初心、心中有大义。从人性的角度看,每个人都有基本的需求与欲望,合理有度的欲望需求能够推动人们不断进步,但是对名利的过度追求则会让人成为物欲的奴隶,甚至跌入犯罪的深渊。淡泊名利是中国古代道德观的重要组成部分,儒家思想的义利观就强调人们对名利富贵的追求应当服从于仁义道德的要求,提出"君子喻于义,小人喻于利"的说法,劝导世人"穷则独善其身,达则兼善天下",对古代社会秩序稳定具有重要作用。

中国共产党继承了中华民族传统文化中的淡泊名利的精神追求,强调广大党员干部要切实把人民群众的利益放在首位,不为狭隘私心所扰,不为浮华名利所累,不为低俗物欲所惑。从某种意义上来说,中国共产党人所追求的是为人民做出巨大贡献而获得的认同与掌声,而不是空虚的物欲和一己私利。新中国成立以来,广大劳模在各自岗位上以对党和人民高度负责的态度、淡定平和的义利心态,积极工作、不求回报,默默坚守岗位,为中国特色社会主义事业做出巨大贡献。

当代社会存在一定数量的群体在市场经济的冲击下产生了扭曲的义利观,将金钱、名誉和地位视作人生的最高信条与能力象征,更有甚者,因为过度看重名利导致身败名裂。广大劳动者要保持淡泊心态,以平和、平稳、平静之心看待名利物欲,将个人利益与国家集体利益相融合,继承淡泊名利的劳模精神,追求工作岗位创优争先之名,为实现中华民族伟大复兴而奋斗。

"人民代表"申纪兰

申纪兰是唯一一位连任十三届的全国人大代表、第一届全国劳动模范、"共和国勋章"获得者。年轻时的她以过人的胆识提出"男女同工同酬",经过她多年不懈的努力,"男女同工同酬"终于被写入《中华人民共和国宪法》。作为农村妇女当选全国人大代表后,她不忘农民、不离农村,带领西沟村老百姓培育新型产业,引进光伏发电,发展绿色生态旅游,与乡亲们一起为美好生活的理想默默奋斗。

6. 甘于奉献

中华民族是具有伟大奉献精神的民族,在五千年的文明史中,先后涌现出无数甘于奉献的伟大先民,诞生了无数可歌可泣的故事,并通过盘古开天辟地、女娲炼石补天、神农尝百草、大禹治水等神话传说故事将奉献精神代代相传。在古代的诗词歌赋中,无数文人骚客也借喻赞颂甘于奉献的伟大精神:罗隐的《蜂》"采得百花成蜜后,为谁辛苦为谁甜"展现了勤劳付出的态度;龚自珍的《己亥杂诗》"落红不是无情物,化作春泥更护花"赞扬了牺牲自我的行为;李商隐的《无题》"春蚕到死丝方尽,蜡炬成灰泪始干"颂扬了无私奉献的精神。中华优秀传统文化中的伟大奉献精神深深影响了中国人民的精神品格,激励中国人民立足岗位、乐于付出,通过无私奉献实现人生价值、收获世人尊敬。

中国共产党自诞生起就把为人民谋幸福写在自己的旗帜上,将甘于奉献的精神确定为每个共产党员的基本要求,反复强调忠于党、忠于人民、无私奉献是共产党人的优秀品质。在新民主主义革命时期、社会主义革命和建设时期、改革开放和社会主义现代化建设新时期以及中国特色社会主义新时代,中国共产党人发扬奉献精神,把党和人民的事业摆在第一位,冲锋在前、退缩在后,吃苦在前、享受在后,凝结了红船精神、长征精神、"两弹一星"精神、抗疫精神等精神谱系。广大劳模继承与弘扬中华传统美德与党的伟大精神,以豁达的心态、认真的态度,在各行各业中勇于付出、默默奉献,形成了当代劳模精神中最亮丽的底色。

当代社会部分人过度计较个人得失,对待工作拈轻怕重,与人交往锱铢必较,在利己主义中迷失了人生方向。广大劳动者要坚守无产阶级大公无私、甘于奉献的高尚情操,客观看待物质利益与功名利禄,杜绝浮躁心态、树立远大理想,只有这样才能规划好人生、开创好事业,受到广大人民与全社会的尊重。

甘当留乡老人"邮差儿子"的熊桂林

熊桂林是武汉市邮政局江夏区局舒安支局的一名乡邮员。他负责的是武汉市江夏区舒安街道最偏远、投递线路最长的邮路,辖区内有8个村和81个湾子,每天往返近60公里。32年来,他跑遍了湖汉纵横的舒安街道的每一个村落,经手投递的邮件包裹共计450多万件,无一差错。他还帮留守老人代购物资、跑腿办事,30余年从未间断,"有事就找邮局的熊桂林"成了当地老人们的习惯。熊桂林把重复的工作做得有滋有味,他是全国劳动模范和全国最美职工,他是一名甘于奉献的社会主义建设者。

三、专注和精益是工匠精神的特质

工匠精神是社会文明进步的标志。对于工匠而言,他们最大的乐趣就是不断对自己的产品进行雕琢,不断对工艺进行改进,力求完美。工匠们十分注重细节,追求工艺与产品的完美和极致,坚持打造精品、追求卓越。这种精益求精的精神,被称为工匠精神。工匠精神是伴随着时代文明而产生和不断发展的技术、实践及道德方面的永恒的精神追求,与社会经济发展状况密切相关。工匠精神包含以下四个方面的内容。

(1)敬业。敬业是劳动者的基本要求。劳动者要对所从事的职业有敬畏和热爱之心,要有全心全力、恪尽职守的职业精神状态。"忠于职守"是中华民族的传统美德,是工匠精神的基本内涵之一。

(2)精益。精益求精、追求极致是工匠精神的核心体现。劳动者对待产品的每道工序都凝神聚力、严格要求,只为保证上乘的质量。这种精益求精的精神也是现代产业永葆生命力的重要保证。

(3)专注。专注是大国工匠的必备特征。工匠精神意味着执着、笃定、坚韧,它要求劳动者具有"术业有专攻"的坚定信念,能够在一个行业里心无旁骛地积累知识、提升技能,最终成为行业领域的佼佼者,成为社会发展的推动力量。

(4)创新。工匠精神还包含着勇于突破、变革更新的创新意识。古往今来,科技进步离不开工匠们的发明精神,正是因为创新力量的推动,社会才发生了翻天覆地的变化。

总而言之,工匠精神是劳动者的职业取向和价值追求,是社会发展的不竭动力。新时代工匠精神是以爱国主义为核心的民族精神和以改革创新为核心的时代精神的集中生动体现,是鼓舞全党全国各族人民风雨无阻、勇敢前进的强大精神动力。

1. 执着专注

执着专注,是工匠的本分。许多优秀工匠短则十几年、长则几十年专注于一项技艺或一个岗位,经过持续不断地磨炼,才最终获得卓越的成就。"我和工人们一块儿摸爬滚打了将近50年,中国的码头工人不比别人差!"山东港口青岛港前湾集装箱码头,71岁的许振超依然意气风发。成为集装箱桥吊司机后,许振超坚持"干就干一流,争就争第一",经常顾不上吃饭休息来苦练技术。终于,他练就了"一钩准""一钩净""无声响操作"等绝活,还带领团队多次刷新集装箱装卸世界纪录,让"振超效率"成为港航界的"金字招牌"。

2. 精益求精

精益求精,是工匠的追求。不骄傲、不满足、不凑合,精益求精是大国工匠共有的精神气质,正是因为追求完美,他们才不断超越自我。"再仔细一点点,离一微米的精度就能更近一点点!"工作中,"80后"技术工人、无锡微研股份有限公司高级技师陈亮给自己定下这样的准则。为了提高产品精度,陈亮打破常规思维,通过"移植工序",把"铣"和"磨"组合使用,终于在不断尝试中成功。一微米有多长?大约是一粒尘埃的颗粒直径、一根头发丝直径的1/60。追求精益求精,让陈亮带领团队获得多项发明专利和实用新型专利。

3. 一丝不苟

一丝不苟,是工匠的作风。大国工匠、中国航天科工航天三江江北公司数控车工、特级技师阎敏,长期坚守在火箭发动机生产一线,主要负责航天型号产品关键件、新型号的首件加工任务。34年来,他苦练技艺,经手的产品"零失误",并创下数控车床0.005毫米精度极值。他手有毫厘千钧之力,眼含秋毫不放之功,被称为导弹"咽喉主刀师"。

4. 追求卓越

追求卓越,是工匠的使命。很多大国工匠不惜花费大量时间和精力,努力把产品品质从99%提升到99.9%,再提升到99.99%,向更高、更好、更精的方向努力。白鹤滩水电站是世界第二大水电站,在这里,全球最大发电机转子的吊装出自一位来自湖北的女工匠之手,她可以把直径16.5米、重达2300吨转子的移动距离控制在一毫米以内。这位女工匠叫梅琳,现任中国能建葛洲坝机电公司白鹤滩机电项目部桥机班班长。26年扎根桥机操作,苦练内功,精益求精,梅琳练就了滴水不洒吊入指定地点的硬功夫,练就了"稳、准、快"的操作技能。对工艺和产品的卓越追求,让梅琳在平凡的岗位上取得了不平凡的成绩。

四、创新和求实是科学家精神的特质

党的二十大报告指出,"培育创新文化,弘扬科学家精神,涵养优良学风,营造创新氛围"。科学家精神是胸怀祖国、服务人民的爱国精神;是勇攀高峰、敢为人先的创新精神;是追求真理、严谨治学的求实精神;是淡泊名利、潜心研究的奉献精神;是集智攻关、团结协作的协同精神;是甘为人梯、奖掖后学的育人精神。科学家精神是广大科技工作者踔厉奋发,推动我国科技事业不断向前发展的精神动力和精神特质,是中国科学家的价值坐标。

1. 爱国精神

在历史长河中,爱国主义始终是激励中华民族自强不息、不懈奋斗的强大精神动力。2018年5月28日,习近平总书记在中国科学院第十九次院士大会、中国工程院第十四次院士大会上指出:"一代又一代科学家怀着深厚的爱国主义情怀,凭借深厚的学术造诣、宽广的科学视角,为祖国和人民作出了彪炳史册的重大贡献。"科学无国界,科学家有祖国。一片丹心向祖国的爱国精神是科学家精神最鲜明的底色,是科学家精神的灵魂所系,也是对新时代人才的第一要求。在科学研究中坚持爱国、爱党、爱社会主义的高度统一,必须把胸怀祖国、服务党和人民作为科研工作的出发点与立足点,将国家利益、人民利益放在首要位置,将追求科研事业融入社会主义现代化强国的建设中去。只有把个人的梦想和国家民族命运紧紧融合在一起,才能焕发出惊人的力量,激发出不竭的动力。把祖国和人民的需要和呼唤常记心间,把爱国济民的信念和情怀融入行动,激励着每一位奋斗者,以进取超越的执着精神,战胜任何困难和阻力,自觉把人生理想融入为中华民族伟大复兴中国梦的奋斗中。

2. 创新精神

创新是推动一个国家和民族不断发展的永恒动力。党的二十大报告指出,"必须坚持科技是第一生产力、人才是第一资源、创新是第一动力"。科学技术深刻影响着我国的综合实力,而创新则是我们攀登世界科技高峰的必由之路,也是始终保持高度关注和深邃思考的时代命题。2020年9月11日,习近平总书记在科学家座谈会上指出:"广大科技工作者要树立敢于创造的雄心壮志,敢于提出新理论、开辟新领域、探索新路径,在独创独有上下功夫。要多出高水平的原创成果,为不断丰富和发展科学体系作出贡献。"2021年5月28日,习近平总书记在中国科学院第二十次院士大会、中国工程院第十五次院士大会、中国科协第十次全国代表大会上也再次强调,以与时俱进的精神、革故鼎新的勇气、坚韧不拔的定力,抢占先机,迎难而上,及时回应时代赋予的高难问题。科学家要敢于提出新的概念、理论、方法,开辟新的领域和方向,形成新的前沿学派,并攻坚克难、集智攻关,瞄准"卡脖子"的关键核心技术难题,不断拓展科学技术的广度和深度,用科技创新破解发展难题,努力实现更多"从0到1"的突破。"敢为天下先"的创新精神是我国科学家们不断突破技术瓶颈、勇攀科技高峰、创造出新的理论和领域的重要精神支撑,是新时代科学家精神的主旋律。

殷鸿福院士:祖国地质研究的"金钉子"

"国家百废待兴,迫切需要地质人才",1952年,殷鸿福报考了刚刚筹建的北京地质学院,选择了当时人们普遍认为的"冷门"——地质矿产与勘探系。而当时他的成绩已超过清华大学录取线。"在考虑升学志愿时,要从国家的需要出发",殷鸿福如此解释他选择地质专业的原因。

1980年,殷鸿福作为中国第一批赴美进修学者奔赴大洋彼岸。在美期间,殷鸿福发表了6篇SCI学术论文,并凭借扎实的专业知识和刻苦研究的精神得到了美国同行的赞叹。世界著名古生物学家、美国科学院院士纽威尔教授赞誉他是"中国学者的一位优秀代表"。留学归来,殷鸿福发现,国内地质专业非常不景气,大量地质工作人员下海经商,古生物学的境况尤其惨淡。"现在时髦的东西不一定是国家最需要的，要看长远。"殷鸿福开始带领团队探索中国古生物学新的发展方向。"像动植物学家钻进深山密林考察新的物种一样，古生物学家也可以搬一个板凳在一个地方坐上一天，分辨化石里的物种。"殷鸿福主张把传统古生物学与地球历史环境联系起来，他开创了一种系统科学，并称之为"生物地质学"。2008年，生物地质学项目启动26年后，殷鸿福荣获国家自然科学奖二等奖。

地层的年代可分为前古生界、古生界、中生界和新生界，每个界又可分为多个系。系与系之间的全球标准就俗称为"金钉子"。距今2.5亿年前的"金钉子"是二叠纪、三叠纪以及中生代、古生代的界线，一度成为各国地质学家研究的焦点。1986年，在意大利召开的二叠纪-三叠纪国际学术会议上，殷鸿福根据实地考察推翻了近百年的化石标准，提出将我国浙江煤山剖面作为全球层型剖面和点位的观点。然而，国际二叠纪-三叠纪界线工作组主席、加拿大地质学家Tozer依然坚持既往标准。1993年，国际会议改选，殷鸿福被推选为工作组主席。2001年2月，国际地质科学联合会正式确认，将中国浙江煤山作为全球层型剖面和点位。"归根结底，科学家在国际上的话语权还要看科研实力"。这颗"金钉子"打响了殷鸿福在国际地层研究中的第一炮，也是中国地层学在国际上打的响亮一枪。（图4.3）

图4.3 "全国最美教师"殷鸿福院士与学生讨论

（图片来源：https://www.cug.edu.cn/info/10506/90269.htm）

3. 求实精神

实事求是的科学态度是科学家的精神基础，也是新时代科学家精神的本质特征。中国科学社创建人任鸿隽先生指出："科学精神者何？求真理是已。"科技工作者之使命，在于寻求真理、求真务实、奋力前行。在追求真理的道路上，要牢牢坚持唯实求是、尊重事实,树立有信仰有敬畏的科研诚信,不为浮躁所动,不为名利所累,理性地面对未知,探索自然、人生和社会之道。新时代的中国正在向世界一流科技强国前进,科研工作者必须时刻秉持务真求实的科研价值导向,以严谨的治学态度在追求真理的路上奋力前行。

4. 奉献精神

科学家开展科研事业的过程,是超越自我,把"小我"融入国家、人民、时代成就"大我",淡泊名利、潜心研究、无私奉献的过程。奉献精神是新时代科学家精神的典型印记。奉献精神需要实践斗争的磨砺,需要"功成不必在我、功成必定有我"的崇高情怀来滋养。我国科技事业的每一个突破,都源于科技工作者们将奉献精神内化于心、外化于行的生动实践,诠释了时代赋予科学家精神的新内涵。

5. 协同精神

科学需要合作,大科学需要大合作,这是科学家精神的内在要求,也是现代科技进步的客观规律。"积力之所举,则无不胜也;众智之所为,则无不成也。"我国的高铁自主研发,依靠的是由近30家一流科研机构、院校与近50家骨干企业组成的产学研用密切结合的创新联合体,从而推动我国高铁技术攀上了世界高速列车技术高峰。科技共同体的时代已经到来,科学研究的组织化程度日益提高,协同精神已经是全球化时代追求科技进步之必需品质。科学家的个人英雄主义汇入集体主义的洪流,以开放、信任、合作的理念,形成集智攻关的整体合力,是新时代科学家践行使命担当的具体体现,有力保证了我国在更高水平上实现科技的自立自强。在世界关联日益紧密的当下,只有始终秉持人类命运共同体的理念宗旨,推动国家间的科技交流,加强团结协作,才能为人类的发展和幸福做出更大贡献。

6. 育人精神

"培养创新型人才是国家、民族长远发展的大计",拥有一大批创新型青年人才,是国家创新活力之所在,也是科技发展希望之所在。"千里马常有,而伯乐不常有。"为党育才、为国育才,以己为梯、提携后进,是科学大师载誉青史的宝贵品格。科学研究是一项承前启后、不断超越,站在前人的肩膀上继续奋斗的伟业,科学事业需要薪火相传、代代相继才能持续繁荣。一代代优秀科研人才的育人精神、助力青年永不言弃的探索精神,让我国科技界的优良学风和精神气质薪火相传。广大科技工作者要按照习近平总书记提出的"要言传身教,发扬学术民主,甘做提携后学的铺路石和领路人"重要指示要求,大力培育人才队伍持续壮大的优良创新生态,确保科技事业不断展现强大生机和活力。

"全国最美教师""荆楚好老师"熊有伦院士

制造业是国民经济的主体,是立国之本、兴国之器、强国之基。我国要建成制造强国,离不开一代代科研人才的创造奉献,华中科技大学熊有伦院士就是其中之一。

熊有伦长期活跃在科研教学一线,勇闯科研"无人区",攀登制造珠峰,在精密测量、数字制造、机器人等领域取得了一系列突出成就:建立了国际首个精密测量的评定判别理论;换刀机械手在国际上实现了零的突破;机器人离线编程系统填补国内机器人研发空白;发动机类零件的快速测量、数字建模及面向制造的设计实现了我国汽车发动机类零件制造技术质的飞跃……

熊有伦院士科学报国 50 余年,初心从未改变;科研与教学相长,立德同树人偕行;潜心治学铸师魂,砥砺奋进育英才。

数十年来,熊有伦笔耕不辍,编写了大量专著和教材。其编著的《机器人操作》《机器人技术基础》《机器人学:建模、控制与视觉》等书在机器人学术界和教育界引发了强烈反响。在长期的教学实践中,熊有伦也形成了独特的授课方式和技巧。有些课程相对枯燥,但他具有坚实的科研基础和深厚的数学功底,往往能用最简洁明了的话语表达复杂逻辑和深刻含义。据他的学生回忆,早在 20 世纪 80 年代,熊有伦课程的考核标准就创国内先河:不完全看考试成绩,而是要求学生结合自己的研究方向,查阅资料形成研究报告。考核时侧重看学生是否消化吸收,形成自己的知识体系。

在五十七载的科教生涯中,熊有伦教育和影响了一大批优秀的科技人才,也激励着年轻后学奋发有为。他的学生中,既有打硬仗的"科研国家队",也有把学问写在祖国大地上的"创业先锋队"。新时代的"大先生"精神代代相传,2022 年熊有伦获评"全国最美教师"和"荆楚好老师"特别奖。

第三节　高校劳动文化建设

劳动精神和劳动文化建设是密不可分的。劳动精神是劳动文化的核心,是劳动者的精神支柱,是劳动者热爱和追求劳动的动力。劳动文化是劳动精神的体现,是劳动者的文化生活,是劳动者团结协作、共同进步的文化氛围。通过高校劳动文化建设,可以进一步激发高校师生的积极性和创造力,提高高校师生的劳动素质和水平,为经济社会的发展做出更大的贡献。

一、高校劳动文化建设内容

高校劳动文化既反映了整个社会的核心劳动价值观,也体现了大学的育人导向,具有涵养劳动情怀、提升劳动素养、养成劳动习惯的功能,以间接和直接的两种形式影响着青年学生的劳动价值观。因此,廓清劳动文化建设的基本内容,有利于创新高校劳动文化建设思路,深化新时代各高校的劳动教育事业发展,形成劳动文化育人新格局。

1. 物质文化

高校劳动教育物质文化是指高校在劳动教育过程中所提供的各种物质条件和设施,如劳动实践基地、设备和工具等。它涵盖了劳动教育教学、劳动教育环境、劳动教育实践场所等方面的物质条件,同时赋予这些物质因素以丰富的劳动文化内涵,是高校劳动文化建设的物质基础,能够为学生提供更好的劳动教育环境和条件,促进学生的全面发展。

作为高校劳动文化的必要组成部分,我们必须重视物质文化在劳动文化建设中的关键作用。当前高校校园里已形成的大多数物质文化,都可以作为劳动文化建设的空间物质形态。高校劳动文化的外部载体是高校里各种类型的物质基础,同时高校劳动文化又内化于校园的物质存在,形塑成生动的文化形式。高校劳动文化建设中,劳动教育物质文化建设既是推进劳动文化建设的前提条件,又是劳动文化建设的重要途径和载体。各高校的劳动教育物质文化直观地反映着本校的劳动历史、传统特色和价值。高校劳动教育物质文化建设的关键是进行物质文化融合,使校园内的各类物质形态都充分地体现融合后的劳动文化信息。具体来说,高校劳动教育物质文化融合的重点应当在于,校园劳动教育环境文化融合、劳动教育实践设施文化融合、劳动教育师资队伍文化融合等方面。

2. 制度文化

制度规则在制定、运用的过程中,逐渐形成人们公认的社会准则、制度心理和制度意识,即形成所谓的制度文化。制度文化作为一种独特的文化,不但被全体师生员工自觉学习并遵循,而且间接地体现出一所高校严谨的办学精神、专业的办学理念。

作为高校劳动文化的重要组成部分,高校劳动教育制度文化是在高校这个特定的制度环境中,经广大师生员工的长期劳动教育实践而形成的对其自身劳动意识、劳动观念和劳动习惯等产生引导、约束和规范作用的制度规则以及遵守制度规则的态度、认同感等。高校劳动教育制度文化是为了更好地落实新时代加强劳动教育的要求,实现高校的人才培养等目标而形成的一种制度和规则体系,它从制度的角度把高校劳动文化成果固定化。此外,高校劳动教育制度文化是联结高校劳动教育精神文化、劳动教育行为文化、劳动教育物质文化的桥梁和纽带,既约束着高校校园主体的行为方式,又为高校的劳动教育工作提供制度保障。

3. 精神文化

高校劳动教育精神文化是指学校全体成员认同并形塑而成的劳动价值观念、劳动意识、劳动素养等,包含着大学劳动精神、校园劳动价值观、劳动教育思想理念、劳动教育宗旨等要素,是形成大学劳动教育核心价值观的关键。劳动教育精神文化是高校所具有的独特劳动价值规范体系,是高校劳动文化的灵魂,在整个劳动文化系统中起引领作用,主导并制约着高校劳动文化系统的发展方向。高校劳动教育精神文化一般可通过高校劳动口号、劳动思想与实践理念、劳动教育使命与特色、目标定位与劳动文化传统等传递。

高校劳动教育精神文化是高校劳动文化的最深层次内涵和最高表现形式,具有强有力的价值导向作用,对大学中每个主体的劳动价值观、劳动习惯和职业发展有着十分深刻的影响。从本质而言,高校劳动教育精神文化作为各个高校在劳动教育工作开展过程中所提炼形成的精神文明成果,是各个高校劳动教育理念与精神的高度概括和鲜明特色。劳动教育精神文化虽然是抽象的,但它一经形成,就建立起潜在的行为规范体系,并以此来引导高校师生乃至整个社会群体的劳动实践,在潜移默化中培育人们正确的劳动思想、劳动意识和劳动情感,这对广大学生的健康成长、高校的可持续发展和社会的长远进步均具有重要意义。

4. 行为文化

高校劳动教育行为文化可以在校内、校外两方面得到反映,即对内反映出本校的管理水平和文化氛围以及师生员工的综合素质,对外通过学校师生的行为方式反映出大学的整体形象以及高校文化核心价值体系。

高校劳动教育行为文化是劳动教育精神文化的显性化,是高校劳动精神、劳动教育理念、劳动价值追求的具体外在体现,处于高校劳动文化中的表层文化维度。高校劳动教育行为文化主要由劳动教育过程中所形成的高校劳动风气、劳动行为规范、榜样文化等要素构成,是高校劳动教育精神文化在高校行为主体中的具体反映,体现于高校师生为实现劳动教育目标而进行的各类劳动文化活动中,是高校主体劳动实践中所蕴含的文化内涵和文化特征。

总之,高校劳动教育物质文化、高校劳动教育制度文化、高校劳动教育精神文化和高校劳动教育行为文化共同构成了高校劳动文化的主要内容。四个维度之间难以分割、相辅相成,其中高校劳动教育物质文化是载体与基础,高校劳动教育制度文化是条件与保障,高校劳动教育精神文化是灵魂与核心,高校劳动教育行为文化是过程与推动。四个维度之间是有机统一的关系,可分别从基础、核心、中介和外在表现等几个方面交融互动,并在相互融合过程中共同推动高校劳动文化的进一步形成和发展。

二、高校劳动文化建设路径

高校劳动文化的建设需要从多个方面入手,通过多种途径和方式,让学生在实践中体验劳动的意义和价值,树立正确的劳动观念和价值观,从而形成良好的劳动习惯和文化氛围。具体而言,高校可从主体、形式和内容三个路径建设劳动文化。

1. 主体路径

以劳动文化建设的主体维度为核心,明确主体的构成和职责,既有利于各种主体进行自我角色认知,也有利于学校科学安排角色,从而形成富有战斗力的管理实施系统,保证劳动文化建设顺利、高效地进行。

1)发挥学生在高校劳动文化建设中的基础作用

大学生是高校劳动文化建设的重要创造者和推动者。大学生在高校校园中是人数最多的群体,作为高校劳动文化活动的主要参与者和实践者,他们的积极性和创造性的发挥是高校劳动文化充满生机与活力的内在动力和根本保障。正是大学生参与、发起、组织的各种劳动文化活动,激活了高校劳动文化,不断推进高校劳动文化建设向前发展。

大学生是高校劳动文化建设的受益者和分享者。高校劳动文化建设的根本目的是丰富校园生活,营造一种良好的文化氛围,进而通过这些活动培养学生的劳动意识、劳动精神、劳动技能,提升学生的劳动素养,不断满足大学生的精神世界需求。高校应该引导大学生参与各种劳动文化建设活动,让学生感受到劳动的重要性和意义,增强劳动意识和劳动精神。

大学生是高校劳动文化建设的体现者和传播者。大学生具有较强的主体意识,能够通过劳动实践不断地为高校劳动文化建设增添新的内容。因此,要提升大学生参与劳动文化建设、传播劳动文化的重要性,让大学生在劳动实践和创新中发展自我,在自我完善过程中延续和发展高校劳动文化。(图 4.4)

图 4.4 学生开展劳动活动:打扫实验室

(图片来源:https://www.cug.edu.cn/info/10506/95979.htm)

2)发挥教职工在高校劳动文化建设中的重要作用

首先,必须建设高水平的劳动教育师资队伍。2019 年 3 月 18 日,习近平总书记在学校思想政治理论课教师座谈会上明确指出:"办好思想政治理论课关键在教师,关键在发挥教师的积极性、主动性、创造性。"在高校劳动文化建设过程中,同样需要一批发挥积极性、主动性、创造性的专业师资队伍来全力构建科学的劳动教育理论体系和实践体系,促进劳动教育工作持续开展。

其次,统筹规划劳动教育建设方案。一方面,无论是在高校劳动教育精神文化建设方面,还是在高校劳动教育制度文化、高校劳动教育物质文化以及高校劳动教育行为文化建设方面,党政领导干部都起着关键作用。高校要将劳动教育纳入学校的教育体系中,制定相应的课程和教学计划,提供实践机会和平台,让学生在实践中体验劳动的意义和价值,增强劳动意识和劳动能力。另一方面,在劳动知识传递过程中,各专业授课教师要守好一段渠、种好责任田,思考如何将劳动理念巧妙地融入专业课堂教学中。

最后,锻造一支素质过硬、积极主动的行政和后勤队伍。高校劳动文化建设是一项综合性事业,不仅体现在课堂教学、教研等学术活动中,也体现在学校物质环境对学生的熏陶中。图书馆、档案馆、校史馆以及学校各种服务设施是校园劳动文化建设的重要内容,能够营造良好的劳动氛围和文化氛围,让学生感受到劳动的重要性和意义并增强劳动意识和劳动精神。因此,在高校劳动文化建设事业中,要着力提高公共服务体系行政人员和后勤服务人员队伍的建设水平,重视他们在劳动文化建设实践中发挥的积极性、主动性和创造性作用。

2. 形式路径

高校劳动文化建设的形式维度是传达、表现高校劳动文化建设成果的媒介与方式,也是劳动文化向外展示的路径与方式。构建有效的形式路径是高校劳动文化建设的重点。从已有的经验来看,高校劳动文化的形成与传播必须利用好两个渠道:"树立典型模范"和"利用好宣传平台"。只有将校内典型人物与宣传阵地进行有效融合,才能营造出积极、健康、向上的校园劳动文化氛围。

1) 树立优秀典型,营造和谐共进、力争上游的劳动文化

《中共中央 国务院关于全面加强新时代大中小学劳动教育的意见》强调:"大力宣传辛勤劳动、诚实劳动、创造性劳动的典型人物和事迹,弘扬劳动光荣、创造伟大的主旋律。"学校可以采取形式多样、生动活泼的方法,营造和谐共进、力争上游的校园劳动文化。首先,搜索挖掘一些爱岗敬业、勇于创新、艰苦奋斗的校内、校外劳动模范和杰出工匠的先进典型事例,将其融入校园教育教学过程之中。比如邀请全国劳动模范、大国工匠做客学校,举办"大国工匠进校园"报告会等。其次,高校可尝试举办劳动示范评选活动。比如举办"后勤优秀员工表彰会",用于表彰先进、树立典型、交流经验;举办"学术之星"评选活动,用于激发学生艰苦奋斗的学术研究热情,在校内形成互学互鉴的文化氛围;举办"最受学生欢迎的好老师"评选活动,用于推出和宣传一批潜心教学、辛勤育人的一线教师。通过这样的评选活动,每个师生会意识到光辉的劳动模范形象其实并不遥远,他们真实地存在于我们身边。向榜样学习,从自我做起,把劳动文化建设落实在日常

的工作和生活中,并非难事。

2)运用新技术、新媒体,打造劳动文化传播综合平台

当前学校宣传媒体可分为传统媒体和新媒体两种类型。传统媒体包括校园广播站、各级各类刊物、宣传栏、横幅、电子显示屏等,新媒体包括网站、公众号、微博等。开展劳动文化教育需要运用新技术、新方法,结合传统媒体和新媒体的不同功能。可以通过校园海报、宣传栏、微信平台等校园媒体,宣传劳动精神,介绍劳动的意义和价值,引导学生树立正确的劳动观念和价值观。也可以通过校园广播、校园电视台、校园网站等媒体,开展劳动文化活动,如劳动技能比赛、劳动志愿者活动、勤工俭学活动等,让学生在实际劳动中体验劳动的乐趣和意义,增强劳动意识和劳动能力。此外,可以整合各种校园媒体资源,建立劳动教育资源库,如制作劳动教育视频、课件、教材等,提供给学生和教师使用,促进劳动教育的普及和推广。

3. 内容路径

内容维度的路径建构是高校劳动文化建设的重要内容,也是推进高校劳动文化建设的重要抓手。只有以建构高校劳动文化内容为抓手,才能使广大师生员工更加主动地践行高校劳动教育核心价值观,并且将劳动教育核心价值观自觉渗透于课堂教学、科研工作中,贯穿于学生成长成才、劳动教育实践活动中。

1)传承和弘扬劳动精神,塑造劳动文化建设的"精神内核"

要正确理解劳动的作用、劳动的价值,就要回到马克思主义的经典理论,回到文本。因此,我们应鼓励广大师生阅读劳动经典著作,传承和弘扬劳动精神。在教育教学的过程中,以学习性社团、学院、班级等为单位定期召开读书分享会,鼓励学生以小组形式合作学习,在学习交流讨论中领略马克思主义劳动观的理论深度和思维魅力,并树立具有理论思维的系统劳动观念,塑造劳动文化建设的"精神内核"。

2)打造校园景观文化,拓宽高校劳动文化载体建设

高校劳动文化载体建设是高校劳动教育物质文化建设的重要内容,主要包括体现高校劳动教育核心价值观的所有物质环境和硬件建设。高校劳动文化载体建设不仅是构建高校劳动教育核心价值观的需要,更是提升学校劳动文化品质与文化形象的重要渠道。各高校在建设劳动文化载体时,应以高校劳动教育核心价值观为指导,充分利用校内现有的劳动文化资源,构筑出一批体现本校办学历史、反映学校特色的劳动文化景观、文化基地及文化设施等,积极构建出能够充分体现高校劳动教育核心价值观的校园环境。

3)注重高校文化品牌建设,培植富有特色的劳动文化项目

高校在劳动文化建设中,应注重校园劳动文化品牌建设,培植出一批师生喜闻乐见、

有影响力的劳动文化项目,提高全校师生劳动意识和劳动文化素养。开展品牌化的校园劳动文化活动是打造本校劳动文化品牌、吸引学生积极参与、传播高校"声音"的重要途径。高校应积极开展包括社会实践活动、勤工俭学活动、创新创业活动等多类型的劳动文化活动。实质上,劳动文化品牌建设过程就是劳动文化渗透的过程,也是提升高校文化竞争力的关键环节之一。

4)重视高校制度体系建设,发挥制度机制的全面保障作用

为加强高校劳动文化建设,应以制度化的劳动教育体系助推大学生劳动意识的生成。高校劳动教育制度文化建设应坚持以人为本的核心理念,不断优化现有的劳动教育制度体系,创造和培育新型的高校劳动教育制度文化,保障学校劳动教育事业健康发展。另外,劳动教育制度体系的形成需要经过长期实践,并在实践的过程中不断总结完善。可以说,高校的劳动教育发展过程,就是一个在劳动教育实践工作中,不断出台新制度、完善旧制度的过程。

第五章 劳动安全与保护

【本章导读】

　　劳动安全是顺利开展劳动的前提,也是社会稳定、健康持续发展的基础。劳动保护则是劳动安全的前提与基础。本章首先介绍劳动保护用品、劳动安全标识及常用急救与紧急处理方法等劳动安全常识,然后介绍人身安全风险内容,主要帮助大家树立必要的劳动安全意识、了解必要的劳动安全知识、掌握必要的劳动安全技能、具备必要的劳动安全应急处理能力,有效防止劳动安全事故发生。

【学习目标】

（1）掌握劳动安全与劳动保护的基本常识、技能。

（2）培养劳动过程中的安全保护意识以及安全行为自觉。

（3）提高劳动过程中的安全风险识别能力和紧急应对能力。

劳动安全是社会稳定、健康持续发展的根本前提和关键基础。《中共中央 国务院关于全面加强新时代大中小学劳动教育的意见》明确规定:"各学校要加强对师生的劳动安全教育,强化劳动风险意识,建立健全安全教育与管理并重的劳动安全保障体系。"新时代的大学生需要高度重视劳动教育,需要高度重视劳动教育中的劳动安全,需要牢牢树立劳动安全意识,需要牢牢掌握劳动安全技能,需要认认真真学习劳动安全知识。

安全就是没有危险的状态。劳动安全,简单地说,就是劳动过程中没有危及人身、财产安全的危险出现的状态。在人类社会早期,影响劳动安全的因素比较简单,主要是体力劳动中由各种意外导致的外伤、毒虫猛兽袭击等。随着生产力的发展,特别是进入工业时代之后,各种大功率机器、高速交通工具和生化制品得到广泛运用,劳动安全面临的风险越来越大。而且劳动安全事故一旦发生,其后果也越来越严重。现代社会运转的高节奏,也让劳动者的心理健康问题日益凸显。劳动安全,除了传统的身体安全以外,还包括心理安全。当代的劳动安全不但越来越重要,而且越来越复杂,需要我们专门学习、了解和掌握。

第一节　劳动安全常识

《中共中央 国务院关于全面加强新时代大中小学劳动教育的意见》指出:"高等学校要注重围绕创新创业,结合学科和专业积极开展实习实训、专业服务、社会实践、勤工助学等。"就该文件规定来看,大学生在校期间的劳动安全需要涵盖大学生实习实训、专业服务、社会实践、勤工助学等各个方面。依据大学生劳动教育参与的范围不同,大学生劳动安全又可以分为日常生活劳动中的劳动安全、职业专业性生产劳动中的劳动安全、社会服务性劳动中的劳动安全以及创业创造性劳动中的劳动安全等。大学生日常生活、学习及实践过程中,可能涉及的劳动安全常识主要有以下几个方面。

一、劳动防护用品

1. 劳动防护用品的分类

劳动防护用品是为了预防伤害事故和职业病而采取的一项安全辅助措施,是为劳动者免遭或者减轻劳动过程中的事故伤害及职业伤害而配备的个人防护装备。劳动防护用品由生产经营单位为从业人员免费发放使用,其不同于福利待遇,是用人单位必须配备的防护装备。劳动防护用品可以按防护用品的防护性能、防护部位、防护用途三种标准进行分类。

1) 按防护性能分类

（1）特种劳动防护用品。

特种劳动防护用品是指在劳动作业生产过程中对人体起到特殊保护作用的安全防护用品。国家对特种劳动防护用品实行"LA"安全标识、生产许可证、产品合格证制度管理。

特种劳动防护用品分为六大类，即头部护具类如安全帽、呼吸护具类如防尘口罩、眼（面）护具类如焊接眼面防护具、防护服类如阻燃防护服、防护鞋类如保护足趾安全鞋和防坠落护具类如安全带。

（2）一般劳动防护用品。

一般劳动防护用品是指特种劳动防护用品以外的为防止职业危害、保证劳动者健康而配备的劳动防护用品，如劳保手套、劳保鞋等。

2) 按防护部位分类

（1）头部防护类　用于保护头部，防撞击、挤压的护具。主要产品有塑料安全帽、橡胶矿工安全帽、玻璃钢安全帽、防寒安全帽、竹编安全帽等。

（2）呼吸防护类　按防护用途分为防尘、防毒和供氧三类。呼吸防护用品是预防尘肺和职业中毒等职业病的重要措施。主要产品有防尘口罩、过滤式防毒面具、氧气呼吸器、自救器、空气呼吸器等。

（3）眼、面防护类　用于保护作业人员的眼、面部，防止异物、紫外光、电磁辐射、酸碱溶液的伤害。主要产品有焊接护目镜和面具、炉窑护目镜和面具、防冲击眼护具、防微波眼镜、防射线眼镜、防化学（酸碱）眼罩、防尘眼镜。

（4）听力防护类　用于降低噪声保护听力免受伤害。主要产品有耳塞、耳罩和防噪声帽等产品。

（5）躯干防护服装类　用于保护作业人员免受作业环境的物理、化学和生物因素的伤害。主要产品有阻燃防护服、防静电工作服、防酸工作服、带电作业屏蔽服、防X射线工作服、防寒服、防水服、防微波服、潜水服、防尘服等。

（6）手部防护类　用于保护手臂免受各种伤害。主要产品有耐酸碱手套、绝缘手套、焊工手套、防射线手套、耐高温防火手套及各种套袖等。

（7）足部防护类　用于保护足部免受各种伤害。主要产品有防砸安全鞋、耐高温鞋、绝缘鞋、防静电鞋、耐酸碱鞋、耐油鞋、防水鞋、防刺穿鞋等。

(8) 防坠落类　用于保护高处作业人员的安全。主要产品为安全带和安全网,安全带分为围杆作业安全带、悬挂安全带、攀登安全带,安全网分为平网、立网。

(9) 皮肤防护类　用于保护裸露皮肤。这类产品主要有护肤膏和洗涤剂,护肤膏用于劳动的全过程,洗涤剂用于皮肤受污染后使用。

3) 按防护用途分类

(1) 按防止伤害事故的用途,劳动防护用品可分为防坠落用品、防冲击用品、防触电用品、防机械外伤用品、防酸碱用品、耐油用品、防水用品、防寒用品。

(2) 按预防职业病的用途,劳动防护用品可分为防尘用品、防毒用品、防噪声用品、防振动用品、防辐射用品、防高低温用品等。

2. 特种劳动防护用品目录

特种劳动防护用品共分为 6 个大类 21 个小类,具体见表 5-1。

表 5-1　特种劳动防护用品防护部位名称及防护用品名称

防护部位名称	防护用品名称
头部防护类	安全帽
呼吸防护类	防尘口罩、过滤式防毒面具、自给式空气呼吸器、长管面具
眼、面防护类	焊接眼(面)护具、防冲击眼护具
防护服类	阻燃防护服、防酸工作服、防静电工作服
防护鞋类	保护足趾安全鞋、防静电鞋、导电鞋、防刺穿鞋、胶面防砸安全靴、电绝缘鞋、耐酸碱皮鞋、耐酸碱胶靴、耐酸碱塑料模压靴
防坠落类	安全带、安全网、密目式安全立网

3. 大学生劳动安全个人防护用品

大学生劳动安全个人防护用品是指大学生在参与劳动生产过程中为免遭或减轻事故和职业危害因素的伤害而配备的个人保护用品。个人劳动防护用品主要包括防护服(主要指帆布工作服、胶布雨衣、防机械外伤工作服、防脏污工作服等)、头部防护用品(主要指安全帽等)、眼睛和面部防护用品(主要用于避免辐射、烟雾、化学物质、金属火花等的危害)、手部和足部的防护用品(主要指特制手套、绝缘鞋、防砸鞋等)、防坠落防护用品(主要指安全带、安全绳等)等。按照规定,在劳动场所必须佩戴劳动安全个人防护用品,这是大学生开展劳动教育的基本要求。

二、劳动安全标识

常见的劳动安全标识主要是安全色、安全标志等,其中最为常见的标识如下。

1. 安全色

安全色是表示安全信息的颜色。我国已经制定了比较齐全的安全色国家标准。由2009年10月1日实施的《安全色》GB 2893—2008可知,我国有红色、黄色、蓝色和绿色四种安全色,与国际标准基本相同。四种安全色的含义如下:红色表示禁止、停止和有危险;黄色表示注意、警告;蓝色表示指令、必须遵守的规定;绿色表示通行、安全和提供性信息。黑色、白色一般作为安全色的对比色,如表5-2所示。

表 5-2 安全色的对比色

安全色	对比色
红色	白色
蓝色	白色
黄色	黑色
绿色	白色

2. 安全标志

安全标志通常分为禁止标志、指令标志、警告标志和提示标志四大类。安全标志一般都要求树立专门的安全标志牌,安全标志牌需要设置在醒目的地方,具体参照GB 2894—2008《安全标志及其使用导则》。

四类安全标志的主要含义如下:第一类,禁止标志(见表5-3),其含义为禁止人们从事不安全行为,基本形式为带斜杠的圆形框,红色标志;第二类,指令标志(见表5-4),其含义是强制人们必须做出某种动作或采取防范措施,基本形式是圆形边框,图形符号多为白色;第三类,警告标志(见表5-5),其含义是提醒人们对周围环境引起注意,以避免可能发生的危险,基本形式为正三角形边框;第四类,提示标志(见表5-6),其含义是向人们提供某种信息,基本形式为正方形边框。

表 5-3 禁止标志

禁止吸烟	禁止烟火	禁止用水灭火	禁止带火种	禁止放置易燃物

续表

	禁止启动	禁止合闸	禁止转动	禁止叉车和厂内机动车辆通行
禁止堆放				
	禁止乘人	禁止靠近	禁止入内	禁止推动
	禁止通行	禁止跨越	禁止攀登	禁止跳下
	禁止倚靠	禁止坐卧	禁止蹬踏	禁止触摸
禁止饮用	禁止抛物	禁止戴手套	禁止穿化纤服装	禁止穿带钉鞋
禁止开启无线移动通讯设备	禁止携带金属物或手表	禁止游泳	禁止携带武器及仿真武器	禁止携带托运有毒物品及有害液体

Note: 第二行第五列为"禁止停留"；第三行第五列为"禁止伸出窗外"；第四行第五列为"禁止伸入"。

表 5-4　指令标志

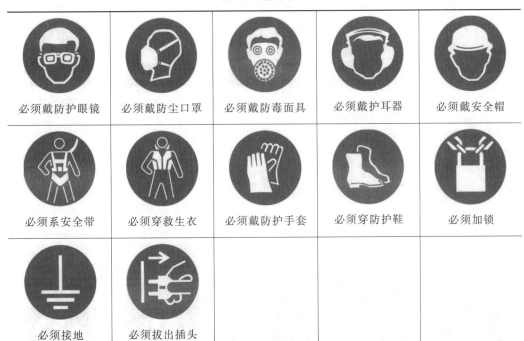

表 5-5　警告标志

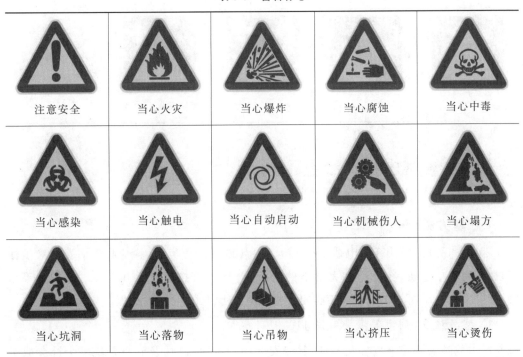

续表

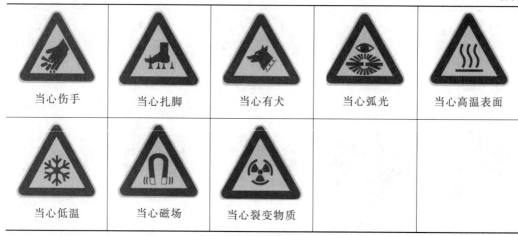

表 5-6 提示标志

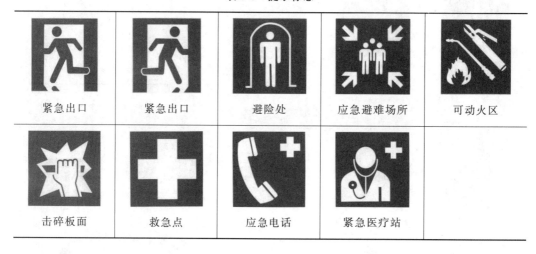

三、报警、常用急救与紧急处理方法

1. 报警方法

求助、报警时，使用任何电话拨打 110、119、120、122 等电话，均免收电话费。对于任何投币、磁卡电话机，在无币和无磁卡的情况下，均可直接拨打 110、119、120、122 等求助、报警电话。手机在欠费状态下也可拨打 110、119、120、122 等求助、报警电话。

1）拨打治安、刑事等报警电话 110

发生危及公共安全与个人人身、财产安全的突发事件时，及时报警是每个社会成员应尽的义务。有危难就拨打 110。110、119、122 已实现"三台合一"，发现治安、刑事案件,发生火灾、交通事故,以及水、电、气、热等公共设施出现危及人身、财产安全的重大险情时,都可拨打110;发现有人溺水、坠楼、自杀、走失以及个人安全处于危险状态时,也可拨打110。"110"与各职能部门已建立联动机制,对各种险情都能提供救助。

应对要点如下。

(1) 及时报警。发生险情,应立即报警。若情况危急,无法立即报警,应在脱险后第一时间报警。报警时应讲清险情发生的时间、地点。若地形、地貌复杂,应告知周围标识比较明显的建筑物、公交站台名称、门牌号或地貌特征等。

(2) 说明险情。应简要说明出险的原因及需要提供何种帮助。

(3) 留下姓名,保护现场。报警人应留下自己的姓名、联系方式等。报警后,应注意保护现场,以利于警方收集线索。

(4) 迎候指引。了解救援人员到达的大致时间,提前到附近标识比较明显的地点,如路口或巷口,等候并指引救援人员。

2) 拨打火警电话119

发现火灾,立即拨打119。除火灾外,"119"还参加其他事故灾害的抢险救灾工作,如地震、洪灾、泥石流、空难、建筑物倒塌、危险化学品泄漏,以及群众生活中遭遇的其他险情。

应对要点如下。

(1) 及时报警,说明火因。拨打火警电话119时,应特别说明起火原因,如电路起火、煤气起火、汽油起火或其他原因,以利于消防人员携带相应的灭火装备与物资。

(2) 留下姓名与联系方式。

(3) 讲清具体地点。

(4) 迎候指引。

3) 医疗急救电话120

120是医疗急救电话。当身边有人突发疾病或受到意外伤害时,应及时拨打120。

应对要点如下。

(1) 及时报警,说清病情。应说明患者的年龄、性别、发病时间和典型症状,如胸痛、意识不清、呕血、呕吐不止、呼吸困难等。若是意外伤害,应说明受伤原因,如骨折、触电、溺水、火灾、中毒等,并清楚描述伤者的伤势。

(2) 留下姓名与联系方式。

(3) 讲清地点。

(4) 迎候指引。

4) 拨打交通事故报警电话122

发生交通事故或交通纠纷时,情节轻微,可自行友好协商解决,然后迅速撤离现场;若需报警,可拨打122或110报警电话。高速公路交通事故的报警电话为12122。

应对要点如下。

(1) 及时报警。

(2) 讲清具体地点。

(3) 说明险情。应简要报告事故原因与人员伤亡、车辆受损情况。

(4) 留下姓名与联系方式。

(5) 保护现场。交通事故发生后,肇事者和周围群众应尽可能保护现场原貌,以利于事故处理时民警收集物证,判断事故性质。同时,应注意尽可能不妨碍交通秩序。因妨碍交通而不得不变动现场的,应先标明事故现场位置,或用手机、照相机拍下事故现场位置,再将车辆移至不妨碍交通的地点。

(6) 摆放警示标识。发生交通事故后,应在车辆后面合适的位置放置警示标识,以免造成二次事故。

(7) 记下车牌。若肇事车辆逃逸,应记下该车的车牌号、车型、颜色等主要特征。

5) 拨打其他常用求助、救助电话

除上述常用求助、报警电话以外,还有一些应急状态下可以用得到的求助、救助电话,如表 5-7 所示。

表 5-7 其他常用求助、救助电话

公安短信报警:12110	湖北银行:96599
国家安全举报:12339	湖北省农村信用社(农商银行):96568
水上遇险求救:12395	中国农业银行:95599
森林火警:95119	中国邮政储蓄银行:95580
红十字会急救台:999	中国工商银行:95588
电力维修服务:95598	招商银行:95555
消费者申诉举报:12315	中信银行:95558
价格监督举报:12358	中国民生银行:95568
质量监督投诉:12365	中国光大银行:95595
环保监督投诉:12369	交通银行:95559
供电局:95598	广发银行:95508
天气预报:12121	浦发银行:95528
报时服务:12117	中国平安:95511
—	华夏银行:95577
—	中国银行:95566
—	兴业银行:95561
—	中国建设银行:95533

6）识别其他常见应急标识

识别应急标识与拨打求助电话相互依存，应急标识为人们提供了紧急情况下的指引和方向，而拨打求助电话则能够及时联系相关部门进行救援和处理。只有两者结合起来才能更好地保障人们在紧急情况下的安全。因此，在平时我们也要注意熟悉周围的应急标识，并掌握对应的求助电话号码，以备不时之需。

在拨打上述常用求助电话以后，我们还要识别一些常见的应急标识，如图5-1所示。

图 5-1 常见应急标识

2. 求救与急救方法

1) 遇险求救联系方法

(1) 微信求救。①发送位置信息：在微信聊天框中点击"⊕"按钮，选择"位置"，发送您的当前位置给好友或群组。这样可以让救援人员更快地找到您。②在朋友圈发布求助消息：通过发布一条朋友圈动态来请求周围人的帮助和支持。同时可以借此扩大自己的求救范围，获得更多可能有效的反馈和响应。

(2) 短信求救。当不便使用电话以通话方式报警时，可通过手机短信的方式报警求助。我国一些地方公安机关已开通短信报警功能。

(3) 声响求救。可通过喊叫、吹哨子、敲击盆、桶或其他物品的方式发出求救信号。喊叫时应注意停顿、休息，以保存体力。

(4) 光线求救。可用灯光、手电筒照射发出光亮，或用镜子反射灯光、阳光等发出光亮，一般3次为一组，停顿片刻，再重复进行。

(5) 抛物求救。在高处遇到危险时，可向下抛掷字条、枕头、书本、空塑料瓶等，以引起他人注意。但不能抛掷笨重物品及玻璃制品等，以免伤人。

(6) 烟火求救。在野外遇到危险时，白天可燃烧树枝、树叶、动物粪便等发出烟雾，晚上可燃烧干柴等发出明亮的火光，以向外界发出求救信号。此外，轮胎、弹簧垫、橡胶封盖、动物脂肪、油、泥炭等都可作替代燃料。在野外用烟火求救时，一定要采取切实措施，防止引发火灾。

(7) 摆字求救。可用石块、树枝、衣物、帐篷等物品，在空地上摆出"SOS"或其他求救字样。字母要尽可能大一些，字母长度超过6米，更便于空中搜救人员识别。

(8) 旗语求救。将旗子或鲜艳的布料系在木棒上，持棒做"∞"形运动，左侧长画，右侧短画。

2) 遇险急救处置方法

(1) 止血包扎法。

如果是伤口出血，一般先给予伤口加压包扎止血。如果加压包扎之后还是止不了血，则有可能是比较大的血管损伤，必须要在血管近端的肢体，用绷带捆扎止血。

(2) 骨折固定法。

如果是四肢的长骨干损伤，可以用夹板。如果现场没有夹板，可以用树枝或者硬的纸皮固定，上肢可以用三角巾悬吊，下肢则必须要躺床。

(3) 脊柱骨折固定与搬运法。

颈椎骨折或者腰椎骨折，可以用腰围或颈围外固定之后再搬运。但是如果现场没有腰围、颈围，可以用两个衣服或者毛巾卷成一团之后塞在患者颈部的两侧做固定。脊柱搬运的方法也比较讲究,其必须要跟床板平行,最好底下垫一块硬板,这样搬运比较安全。要注意避免脊柱的二次损伤,否则会导致严重的瘫痪等后遗症。

(4) 心肺复苏法。

心肺复苏法包括胸外按压、开放气道、人工呼吸以及电除颤等方法。日常心肺复苏主要采用胸外按压方法,其操作程序如下:

① 轻拍患者双肩并在患者耳边呼唤,判断患者是否有意识;

② 高声呼救并拨打120求救;

③ 取出口内异物,清除分泌物,保持呼吸道通畅;

④ 判断患者是否有呼吸;

⑤ 患者没有呼吸应立即进行人工呼吸2次;

⑥ 进行人工呼吸后再进行胸外心脏按压。

(5) 心源性疾病的急救方法。

心源性猝死现场应急救助措施就是心肺复苏术。发现伤者呼吸、心跳停止就要立即对伤者进行胸前拳击,拳击的次数一般为2或3次,拳击要稳重有力。拳击后伤者没有反应就立即进行心脏按压30次,再进行口对口吹气2次。按压时用力要均匀,以一手掌平放伤者胸骨下段胸壁上,另一手掌压在该手背上,上下起伏垂直按压。口对口吹气前先解开伤者领口和裤带,使其平卧,抽出枕头用一手将伤者颈部托直,使头最仰,打通气道,清理口鼻分泌物,然后一手捏紧伤者双侧鼻孔进行吹气。然后胸外按压30次,再吹气2次。如此进行5个循环后,评估伤者心跳、呼吸有没有恢复。如果没有恢复,要继续上面心肺复苏操作。如果呼吸、心跳恢复了,要转送医院做进一步治疗。

(6) 高空坠落急救方法。

高空坠落伤通常都是全身多发性损伤,一般病情比较危重。如果发生高空坠落,不要随便移动伤者,尽量在现场马上判断伤者的意识、呼吸以及心跳情况。如果呼吸和心跳已经停止,应该在现场立即做心肺复苏术,然后呼叫120请求医护人员前来救助。如果有呼吸和心跳而伤者意识昏迷,则首先通过拍打方式刺激伤者人中穴或者双足底的涌泉穴,以助其开窍催醒。其次要判断伤者身体其他情况,有伤口应该给予包扎止血。如果出现肢体畸形,有可能是骨折了。如果现场有长的甲板或者硬的纸皮、树枝,可以先用来包扎固定骨折端。但是最主要的是不要忽略脊柱以及胸腹部情况,如果发现伤者有颈痛或者腰痛的情况,一定不能随便搬动伤者,最好拿一块硬板垫在伤者背后,这样搬动才比较安全。如果脊柱骨折,随便搬动很容易导致二次损伤和身体瘫痪等严重后遗症。另外注意伤者的生命体征,严密观察伤者并等待救护车前来救助。

(7) 污染的急救方法。

① 皮肤接触：立即脱去受污染的衣服，用肥皂水及清水彻底冲洗。

② 眼睛接触：立即提起眼睑，用大量流动清水或生理盐水冲洗。

③ 吸入：迅速脱离现场至空气新鲜处。注意保暖，呼吸困难时输氧，呼吸及心跳停止时立即进行人工呼吸和心脏按压术，并及时就医。

④ 食入：给误食者漱口、饮水、催吐，立即送往医院治疗。

(8) 食物中毒的处理。

① 使中毒者处于空气新鲜、通风良好的环境中，注意保暖。

② 为防止呕吐物堵塞气道而引起窒息，应让中毒者侧卧，便于吐出。

③ 在呕吐中，不要让中毒者喝水或吃食物，但在呕吐停止后应马上补充水分。

④ 留取呕吐物和大便样本，给医生检查。如果腹痛剧烈，可取仰睡姿势并将双膝弯曲，这有助于缓解腹肌紧张。

⑤ 腹部盖毯子保暖，这有助于血液循环。出现抽搐症状时，马上将中毒者移至周围没危险物品的地方，并取来筷子，用手帕缠好塞入中毒者口中，以防止咬破舌头。

⑥ 当脸色发青、冒冷汗、脉搏虚弱时，要马上送医，防止休克。

⑦ 进食时间短者可催吐。用筷子或其他相似物品轻轻刺激咽喉部，诱发呕吐。

⑧ 大量饮温水也能产生反射性呕吐。

采取以上措施，一般可以有效缓解食物中毒，待症状得到初步控制即可转送医院救治。但如果病情严重，中毒时间较长，应迅速送医进行抢救。

(9) 溺水急救方法。

救助落水者应迅速游到落水者附近，观察清楚位置，从其后方出手救援，或投入木板、救生圈、长杆等，让落水者靠扶上岸。将落水者救上岸后，首先判断落水者的意识和生命体征。如果落水者有严重的呼吸道阻塞，则要立即清除口内淤泥、杂草、呕吐物等，进行控水处理，即利用头低脚高的体位，将吸入水分控倒出来。最简便的方法是：救护人一腿跪地，另一腿屈膝，将落水者的腹部放在膝盖上，使其头下垂，然后再按压其腹背部。也可利用地面上的自然余坡，将头置于下坡处的位置，用小木凳、大石头、倒扣的铁锅等做垫高物来控水均可。

如果落水者呼吸、心跳停止，应立即进行人工呼吸和胸外心脏按压。落水者经现场急救处理，在呼吸、心跳恢复后，立即送往附近医院。

(10) 爆炸伤者的急救措施。

立即组织幸存者自救、互救，并向120、110、119报警台呼救。在救援人员到来之前保护现场，维持秩序，进行初步急救。

① 检查伤者受伤情况，先救命、后治伤。

② 迅速设法清除气管内的尘土、沙石,防止发生气管阻塞。神志不清者头侧卧,保持呼吸道通畅。呼吸停止时,立即口对口进行人工呼吸和胸外心脏按压,已发生心脏和肺的损伤时,慎重应用胸外心脏按压技术。

③ 就地取材,进行止血包扎固定,搬运伤者时注意保持脊柱损伤者的水平位置,以防止移位而导致的截瘫。

(11) 危险化学品的急救措施。

① 碎玻璃引起的创伤。伤口不能用手抚摸,也不能用水冲洗。若伤口里有碎玻璃片,应先用消过毒的镊子取出来,在伤口上擦药水,消毒后用止血粉外敷,再用纱布包扎。伤口较大、流血较多时,可用纱布压住伤口止血,并立即送医务室或医院治疗。

② 烫伤或灼伤。烫伤后切勿用水冲洗,一般可在伤口处擦烫伤药膏或用浓高锰酸钾溶液擦至皮肤变为棕色,再涂上凡士林或烫伤药膏。被磷灼伤后,可用1％硝酸银溶液、5％硫酸银溶液或高锰酸钾溶液洗涤伤处,然后进行包扎,切勿用水冲洗;被沥青、煤焦油等有机物烫伤后,可用浸透二甲苯的棉花擦洗,再用羊脂涂敷。

③ 受(强)碱腐蚀。先用大量水冲洗,再用2％醋酸溶液或饱和硼酸溶液清洗,然后再用水冲洗。若碱溅入眼内,用硼酸溶液冲洗。

④ 受(强)酸腐蚀。先用干净的毛巾擦净伤处,用大量水冲洗,然后用饱和碳酸氢钠($NaHCO_3$)溶液(或稀氨水、肥皂水)冲洗,再用水冲洗,最后涂上甘油。若酸溅入眼中时,先用大量水冲洗,然后用碳酸氢钠溶液冲洗,严重者送医院治疗。

⑤ 液溴腐蚀。应立即用大量水冲洗,再用甘油或酒精洗涤伤处;氢氟酸腐蚀,先用大量冷水冲洗,再用碳酸氢钠溶液($NaHCO_3$)冲洗,然后用甘油、氧化镁涂在纱布上包扎;苯酚腐蚀,先用大量水冲洗,再用4体积10％的酒精与1体积三氯化铁的混合液冲洗。

⑥ 误吞毒物。常用的解毒方法是:给中毒者服催吐剂,如肥皂水、芥末和水,或服鸡蛋白、牛奶和食物油等,以缓和刺激,随后用干净手指伸入喉部,引起呕吐。注意,磷中毒的人不能喝牛奶,可用5~10毫升1％的硫酸铜溶液加入一杯温开水内服,引起呕吐,然后送医院治疗。

⑦ 吸入毒气。中毒很轻时,通常只要把中毒者移到空气新鲜的地方,解松衣服(但要注意保温),使其安静休息,必要时给中毒者吸入氧气,但切勿随便使用人工呼吸。若吸入溴气、氯气、氯化氢等,可吸入少量酒精和乙醚的混合物蒸气来解毒。吸入溴气者,也可用嗅氨水的办法减轻症状。吸入少量硫化氢者,立即送到空气新鲜的地方;中毒较重者,应立即送到医院治疗。

(12) 触电。

首先切断电源,若来不及切断电源,可用绝缘物挑开电线。在未切断电源之前,切不可用手拉触电者,也不能用金属或潮湿的东西挑电线。如果触电者在高处,则应先采取保护措施,再切断电源,以防触电者摔伤。然后将触电者移到空气新鲜的地方休息。若出现休克现象,要立即进行人工呼吸,并送医院治疗。

(13) 冻伤。

首先应该迅速让伤者脱离低温环境和冰冻的物体,移到暖和的地方,去潮湿衣服、鞋袜,立即进行局部或全身的快速复温。可以用38~42 ℃温水浸泡伤肢,或浸浴全身,5~7分钟后,可迅速恢复局部血液循环,这样可以使皮肤的颜色和感觉正常。

千万不要用冰雪涂擦伤处,也不能用火烘烤。对于冻伤处可以用无菌的温盐水冲洗干净。冻伤的肢体应该稍抬高,可以减轻水肿,要将伤肢制动,以免加重冻伤组织损伤。冻伤组织在恢复过程中,于10~20 ℃所招致的损害最大,所以应该迅速升温。对于心跳、呼吸骤停者,还需要采取胸外心脏按压和人工呼吸等急救措施。伤者身体复温后,需将其迅速送到医院治疗。

第二节 劳动保护

保护劳动者在劳动过程中的安全与健康,是我国的一项基本方针,是坚持社会主义制度的本质要求,是发展生产、促进经济建设的一项根本大事,也是社会主义物质文明和精神文明建设的一项重要内容。

做好劳动保护是新时代普通高校以"学生为中心"的根本要求。首先,劳动安全保护是中国共产党和我国的一项基本政策,"加强劳动保护,改善劳动条件"是《中华人民共和国宪法》的神圣规定。其次,劳动安全保护是促进国民经济发展的重要条件。最后,劳动安全保护是新时代劳动教育的重要任务,劳动安全保护是新时代大学生安全教育的重要内容,劳动安全保护是新时代大学生全面发展的重要方面。《中共中央 国务院关于全面加强新时代大中小学劳动教育的意见》明确要求:"多方面强化安全保障。"作为大学生,在参与劳动过程中,应注意从以下几个方面做好劳动保护。

一、养成劳动保护意识

养成良好的个人卫生习惯。养成不在劳动区域内吸烟、进食,勤洗手,下班后更衣、洗澡沐浴等好习惯。与此同时,需要注意以下几点。

1. 重视安全规章制度

大学生生活在校园中,会接触到各种安全管理制度,如宿舍安全管理制度、实验室安全管理制度、网络安全管理制度、消防安全管理制度、校园治安管理制度等。大家应该可以直观地感受到,这些安全管理制度在保障学生安全方面发挥了积极的作用。一般而言,劳动过程会涉及机械、电气设备和生化制品,劳动过程中面临的安全风险与威胁比日常生活要多得多。因此,对于劳动安全相关的规章制度,大学生更应该严格遵守,要始终将安全放在首位,不能存一丝侥幸心理。

2. 重视心理安全教育

良好的心理素质是保障大学生劳动安全的内在因素,健康的心理在很大程度上能杜绝心理性安全事故的发生。心理压力过大,对大学生的思维方式和思想观念都会产生一定影响。就大学生劳动安全而言,如果不重视心理健康,劳动过程中就可能会因为自身心理问题、面临劳动环境出现心理压力问题而出现打架斗殴、消沉任性等不利于劳动安全的情况。如果由于各种原因出现心理问题,大学生应该主动寻求老师、同学的帮助,接受心理咨询,积极配合心理疏导,减轻内心的紧张与压抑。心理健康,才不会影响劳动安全。

3. 主动接受警示教育

为了引起自身对劳动安全的重视,大学生可以适当搜集一些安全事故的案例来开展警示教育,通过血的教训增强自己对劳动安全的重视,这也是一种提高劳动安全意识的手段。我们应该从事故中找出原因,积极吸取经验教训,有针对性地采取防范措施以避免劳动安全事故的发生。

二、劳动安全风险预防

风险是指某种特定的危险事件(事故或意外事件)发生的可能性与其产生的后果的组合。风险由两个因素共同作用组合而成:一是该危险发生的可能性,即危险概率;二是该危险发生后所产生的后果。劳动安全风险,就是在劳动过程中某种危险事件发生的可能性和发生后所产生的后果。提前做好劳动安全风险的预防能防患于未然,是保障劳动安全的极为经济的方式。

1. 严格遵守安全生产规章制度

安全生产规章制度是以安全生产责任制为核心,指引和约束劳动者在安全生产方面的行为,确保安全生产的行为准则。其作用是明确各岗位安全职责、规范安全生产行为、建立和维护安全生产秩序,包括安全生产责任制、安全操作规程和基本的安全生产管理制度。

制度的作用是规范行为,如果制度制定了而不认真执行,就失去了制定制度的意义。

因此，作为生产组织方的用人单位或校内劳动的学校，应该做好安全生产规章制度的宣传教育和执行。而作为劳动者的大学生，必须自觉牢固树立安全意识，主动严格遵守安全生产规章制度。

2. 正确使用安全防护用品

安全防护用品，是指保护劳动者在生产过程中的人身安全与健康所必备的一种防护装备，对于减少职业危害起着相当重要的作用。

安全帽、安全鞋、安全带、防护手套、防护眼镜、防毒面罩、防尘口罩、防护耳塞等设备，是施工人员作业过程中必不可少的安全防护用品，正确使用这些设备可使作业人员免于意外事故伤害和职业危害。而如果不正确使用，则不仅不能起到防护作用，可能还会造成更为严重的伤害。劳动教育活动作为职业劳动的必要预备过程，同样存在诸多的劳动安全风险，正确使用安全防护用品才能保障劳动安全。

使用安全帽时，一方面要保持干净，要系好下颌带和后箍，帽壳和头顶要有足够的缓冲距离，每30个月更换一次；另一方面，不能带歪安全帽，不能给安全帽打洞，不能拆开帽内的缓冲层，安全帽不能长期暴露于太阳下，也不能当椅子坐在上面，不能靠近火源、浸热水，使用时间不能超过期限等。

3. 科学安排劳动实践

不同的劳动实践对于时间、场地、设备、工具和劳动者的年龄、身体状况等各方面都有不同要求。只有科学安排，才能达到劳动教育的目的，保障劳动者的安全健康。对于不同学段的劳动教育，其开展的劳动形式、场地和内容各不相同。比如小学低中年级以校园劳动为主，小学高年级和中学可适当走向社会，参与集中劳动，高校要组织学生走向社会，以校外劳动锻炼为主。

对于高校来说，科学安排劳动实践，就要遵循《中共中央 国务院关于全面加强新时代大中小学劳动教育的意见》的规定，结合各个学校所处位置、学生专业、年级等实际状况，提前做好科学设计，特别是对劳动教育活动中可能出现的安全问题采取预防和处置措施，具备预防、监管和处理安全事故的能力。

4. 做好劳动安全健康风险评估

劳动安全健康风险评估是指分析劳动环境中可能影响劳动者安全健康的因素，评估它们造成的风险大小，同时综合考虑实施控制措施可以达到的实际控制效果，然后采取有效的预防和控制措施，从而尽量减少劳动者因劳动环境而可能遭受的危害。

大学生开展劳动教育活动，学校或其他劳动组织单位应该事先对劳动场所做好劳动安全风险评估，并提前做好预防措施，确保劳动安全。

三、建立劳动教育风险分散机制

建立劳动教育风险分散机制是《中共中央 国务院关于全面加强新时代大中小学劳动教育的意见》的重要任务,是保障大学生劳动教育开展的长效之策,政府应完善大学生劳动教育意外伤害保险制度。2002年6月,教育部颁布的《学生伤害事故处理办法》规定:"学校有条件的,应当依据保险法的有关规定,参加学校责任保险。教育行政部门可以根据实际情况,鼓励中小学参加学校责任保险。"2007年,《中共中央 国务院关于加强青少年体育增强青少年体质的意见》提出"建立和完善青少年意外伤害保险制度,推行由政府购买意外伤害校方责任险的办法,具体实施细则由财政部、保监会、教育部研究制定"。学校和家庭为参加劳动教育的学生购买相关保险,建立完善学生劳动教育意外伤害保险制度,保障劳动教育正常开展。

学校、家庭和各部门共同承担劳动教育风险是《中共中央 国务院关于全面加强新时代大中小学劳动教育的意见》重要规定。(1)学校应建立健全劳动安全保障体系。学校在教学的过程中加强安全教育,学校要科学评估劳动安全风险,排除劳动实践中的各种风险隐患,做到防患于未然。(2)鼓励家庭投保学生意外伤害险。家长或监护人要对孩子进行劳动安全教育,减少劳动意外伤害,有条件的家庭应投保学生意外伤害险。(3)发挥各部门的责任。劳动教育涉及部门较多,每个部门都有自己的社会责任。

四、积极参加社会保险

社会保险制度是由国家通过立法建立社会保险基金,对参加劳动关系的劳动者在丧失劳动能力或失业时给予必要的物质帮助的社会保障制度。社会保险制度是社会保障制度的核心内容,它以劳动权利为基础,实行权利义务相结合,并由雇主与劳动者缴费形成各项社会保险基金,以解除劳动者在养老、医疗、工伤、失业等方面的后顾之忧为目标,是促进劳资关系和谐、维护劳动者福利的根本制度。社会保险制度不仅事关全体劳动者的切身利益,而且对国家与社会能否持续、健康、文明发展有重大深刻的影响。依据《中华人民共和国劳动法》,我国劳动者在退休、患病、负伤、因工伤残或者患职业病,失业,生育五种情形下可依法享受养老保险、医疗保险、工伤保险、失业保险、生育保险待遇。

参加社会保险的方式根据劳动者就业形式的不同而有所区别。灵活就业人员,可以个人名义到指定的办理地点缴纳居民社保,但是这种参保方式有一定的参保要求,通常只有所在地的居民才能参保,或者长期居住在该地的外地居民持相关证明才可以参保。与用人单位建立劳动合同关系的劳动者,由单位统一参加社保。社保项目不同,保险费用的承担者也不相同,如工伤保险、生育保险的保险费均由用人单位承担,而养老、医疗和失业保险的保险费则由劳动者和用人单位共同分担。

社会保险主要是通过筹集社会保险基金,并在一定范围内对社会保险基金实行统筹调剂,在劳动者遭遇劳动风险时给予必要的帮助,社会保险对劳动者提供的是基本生活保障,只要劳动者符合享受社会保险的条件,或者与用人单位建立了劳动关系,或者已按规定缴纳各项社会保险费,即可享受社会保险待遇。

除了参加社会保险,用人单位、劳动者还可以通过购买商业保险的方式增加保障额度。商业保险是指通过订立保险合同运营,以营利为目的的保险形式,由专门的保险企业经营。商业保险关系是由当事人自愿缔结的合同关系,投保人根据合同约定,向保险公司支付保险费,保险公司根据合同约定的可能发生的事故因其发生所造成的财产损失承担赔偿保险金责任,或者当被保险人死亡、伤残、疾病或达到合同约定的年龄、期限时承担给付保险金责任。

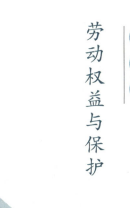

第六章 劳动权益与保护

【本章导读】

　　大学生作为知识型、技能型、创新型高素质劳动大军的后备军,是"两个一百年"奋斗目标的主力军,是中华民族伟大复兴的建设者。本章内容重在强调新时代大学生不仅应该掌握胜任工作的基本劳动知识和技能,还要树立较强的劳动权益维护意识,懂得必要的劳动法律法规知识,使新时代大学生在未来职场具有更大的主动性和竞争性,成为尊法学法守法用法的模范,为中国特色社会主义法治建设做出贡献。

【学习目标】

　　(1) 了解我国的劳动法律法规体系、适用范围,掌握劳动法律关系的构成要素。
　　(2) 培养与提升劳动法治观念,提高劳动权益维护意识。
　　(3) 掌握非法劳动的识别方法,维护劳动保障权益。

《中华人民共和国劳动法》是为了保护劳动者的合法权益,有效调整劳动关系,建立和维护适应新时代中国特色社会主义市场经济的基本法律制度,为经济高质量发展和社会和谐持续发展进步保驾护航。新时代大学生作为新阶段新征程的生力军,需要了解和掌握《中华人民共和国劳动法》赋予的责任与义务,需要利用劳动法律法规维护自身权益及履行岗位职责,确保自身和社会共同进步发展的权益得到有力保障。

第一节 劳动权益

劳动的权利是《中华人民共和国宪法》规定的公民的基本权利——社会经济权利的重要内容。劳动的权利,就是一切有劳动能力的公民有获得劳动的机会、适当的劳动条件和劳动报酬的权利,是公民赖以生存的基础。《中华人民共和国劳动法》规定,劳动者享有平等就业和选择职业的权利、取得劳动报酬的权利、休息休假的权利、获得劳动安全卫生保护的权利、接受职业技能培训的权利、享受社会保险和福利的权利、提请劳动争议处理的权利以及法律规定的其他劳动权利。

一、平等就业和选择职业的权利

(1) 平等就业的权利。《中华人民共和国劳动法》指出,劳动者享有平等就业的权利,即劳动者拥有劳动就业权。劳动就业权是保证有劳动能力的公民获得参加社会劳动的机会并按劳取酬的权利。《中华人民共和国就业促进法》规定,劳动者依法享有平等就业和自主择业的权利。劳动者就业,不因民族、种族、性别、宗教信仰等不同而受歧视。大学生在就业过程中,只要具有一定劳动能力,就可以和其他具有劳动能力的公民享有同等的就业权利,在机会上是平等的,不能因为民族、种族、性别、宗教信仰特别是毕业学校等而被区别对待。

(2) 选择职业的权利。劳动者有权根据自己的意愿、自身的素质、能力、志趣和爱好,以及市场信息等选择适合自己才能、爱好的职业,即劳动者拥有选择职业的权利,这也是《中华人民共和国劳动法》赋予公民的重要权利。选择职业的权利有利于劳动者充分发挥自己的特长,促进社会生产力的发展;这既是劳动者劳动权利的体现,也是社会进步的一个标志。大学生可以依据自身知识、能力等情况选择就业。

二、取得劳动报酬的权利

《中华人民共和国劳动法》规定,劳动者享有取得劳动报酬的权利。劳动报酬权是劳动者在劳动关系中因付出劳动而向用人单位领取一定数量货币的权利。劳动报酬权是劳动者在社会中赖以生存和发展的经济基础,是劳动者生存权得以实现的物质保障。劳动报酬以工资为基本形式存在,还可以以奖金和津贴等形式存在。

劳动报酬权主要包含三方面的内容,即报酬协商权、报酬请求权和报酬支配权。报酬协商权是劳动者在订立劳动合同时或劳动关系存续期间与用人单位协商劳动报酬的支付数额及支付方式的权利,这是实现按劳分配的基础。报酬请求权是劳动者在与用人单位建立劳动关系后,要求用人单位按时、足额地支付劳动报酬的权利。而报酬支配权,是劳动者对所获得的劳动报酬有自由支配的权利。

三、休息休假的权利

《中华人民共和国劳动法》规定,劳动者享有休息休假的权利。劳动者的休息权是指劳动者所享有的休息和休养的权利。劳动者的休息权主要通过国家规定的工作时间和休假制度实现。

工作时间是指劳动者根据国家和用人单位的规定从事劳动的时间。工作时间应当符合国家规定的工时制度。国家实行劳动者每日工作时间不超过八小时、平均每周工作时间不超过四十四小时的工时制度。用人单位应当保证劳动者每周至少休息一日。国家机关、事业单位实行统一的工作时间,星期六和星期日为周休息日。用人单位安排劳动者延长工作时间的,支付不低于工资的百分之一百五十的工资报酬,休息日安排劳动者工作又不能安排补休的,支付不低于工资的百分之二百的工资报酬。

休假制度是劳动者根据国家和用人单位规定所享有的暂离工作岗位、保留工资进行休息和休假的制度。全体公民放假的节日包括元旦、春节、国际劳动节、国庆节,以及法律、法规规定的其他休假节日。用人单位法定休假日安排劳动者工作的,支付不低于工资的百分之三百的工资报酬。劳动者连续工作一年以上的,享受带薪年休假。用人单位确因工作需要不能安排职工年休假的,经职工本人同意,可以不安排年休假。对职工应休未休年休假天数,用人单位应当按照该职工日工资收入的300%支付未休年休假工资报酬。

四、获得劳动安全卫生保护的权利

《中华人民共和国劳动法》规定,劳动者享有获得劳动安全卫生保护的权利。劳动安全卫生保护,是保护劳动者的生命安全和身体健康,是对享受劳动权利的主体切身利益最直接的保护。《中华人民共和国劳动法》规定,用人单位必须建立、健全劳动安全卫生制度,严格执行国家劳动安全卫生规程和标准,对劳动者进行劳动安全卫生教育,防止劳动过程中的事故,减少职业危害。劳动安全卫生设施必须符合国家规定的标准。新建、改建、扩建工程的劳动安全卫生设施必须与主体工程同时设计、同时施工、同时投入生产和使用。用人单位必须为劳动者提供符合国家规定的劳动安全卫生条件和必要的劳动防护用品,对从事有职业危害作业的劳动者应当定期进行健康检查。从事特种作业的劳动者必须经过专门培训并取得特种作业资格。

为确保劳动安全,劳动者在劳动过程中必须严格遵守安全操作规程,对用人单位管理人员违章指挥、强令冒险作业,有权拒绝执行;对危害生命安全和身体健康的行为,有权提出批评、检举和控告。

五、接受职业技能培训的权利

《中华人民共和国劳动法》规定,劳动者享有接受职业技能培训的权利。职业技能培训的权利是指劳动者可以根据自己的择业需要和工作需要,接受职业培训以培养和提高职业能力的权利。职业培训对于提高劳动者的素质和技能、促进社会生产力的发展具有重要的现实意义。接受职业技能培训的权利主要是通过学徒培训、就业训练、在职培训等途径来完成的。学徒培训,是指劳动者直接在师傅的指导下,不断熟练、掌握某种生产技能和业务知识的培训形式。就业训练,是指求职者经过就业训练中心和其他就业训练机构的培训,以达到就业或再就业或转业的职业技能水平的培训形式。在职培训,是指为了使职工的知识、技能得到更新或提高,根据用人单位的需要对职工进行培训的形式,包括在岗业余培训和离岗专门培训。

用人单位需要履行职业技能培训义务。职业技能培训义务是指政府、企业和个人在一定范围内应当承担的提高劳动者职业技能水平的责任。具体来说,政府应该制定相关法律法规和政策措施,加强对职业教育与培训的投入和管理;企业应该为员工提供必要的岗位培训和晋升机会,并建立健全绩效考核与激励机制;个人则需要不断学习、更新知识、提高技能,适应市场需求变化。实现职业技能培训义务有利于促进就业创新、提升生产力水平、提高国家竞争力等,也可以缓解部分行业或地区"用工荒"状况,推动经济社会可持续发展。

六、享受社会保险和福利的权利

《中华人民共和国劳动法》规定,劳动者享有享受社会保险和福利的权利,即劳动者享有包括养老保险、医疗保险、工伤保险、失业保险、生育保险等在内的劳动保险和福利。

社会保险和福利是劳动力再生产的一种客观需要。

享受社会保险和福利的权利,是指劳动者因年老、疾病、失业、伤残、生育等原因暂时或永久丧失劳动能力,依法享有获得国家、社会物质帮助的权利。社会保险制度是实现享受社会保险和福利的权利的制度保障,由国家立法确认,并强制实施。被保险人及其所在用人单位,必须依据国家法律规定的保险金额缴纳保险费。社会福利是社会保障制度的重要组成部分,它是一种更高形态的公共利益的实现形式。《中华人民共和国劳动法》规定,国家发展社会福利事业,兴建公共福利设施,为劳动者休息、休养和疗养提供条件。用人单位应当创造条件,改善集体福利,提高劳动者的福利待遇。

七、提请劳动争议处理的权利

《中华人民共和国劳动法》规定,当劳动者与用人单位发生劳动争议时,劳动者享有提请劳动争议处理的权利,即劳动者享有依法向劳动争议调解委员会、劳动争议仲裁委员会和人民法院申请调解、仲裁和提起诉讼的权利。其中,劳动争议调解委员会由职工代表、用人单位代表和工会代表组成,劳动争议仲裁委员会由劳动行政部门代表、同级工会代表、用人单位方面的代表组成。

提请劳动争议处理的权利是指劳动者在与用人单位关于劳动的权利与义务引起争议时,有权提请有关部门对争议进行处理的权利。法律对劳动者提请劳动争议处理的权利的确认,一方面是提醒劳动者其拥有劳动诉权,引导劳动者通过正确合法的途径来解决劳动过程中与用人单位发生的种种争议与纠纷,有利于培养劳动者的法律意识;另一方面是对用人单位的警醒,有利于促进用人单位认真履行义务,并为劳动者依法行使劳动权利提供必要的条件和保障。

八、法律规定的其他劳动权利

法律规定的其他劳动权利是指劳动者依法享有参加和组织工会的权利,参加职工民主管理的权利,参加社会义务劳动的权利,参加劳动竞赛的权利,从事科学研究、技术革新、发明创造的权利,依法解除劳动合同的权利,对违反劳动法的行为进行监督的权利等。

第二节 劳动法律法规

我国已经制定一系列保护劳动者的法律法规,逐步形成一个完善的劳动法律体系,对劳动者的基本权利和义务、促进就业、劳动合同和集体合同、工作时间和休息休假、工资、劳动安全卫生、女职工和未成年工特殊保护、职业培训、社会保险和福利、劳动争议、监督检查、法律责任等内容进行了全面的规定。现行的法律法规主要包括《中华人民共和国劳动法》《中华人民共和国劳动合同法》《中华人民共和国劳动争议调解仲裁法》《中华人民共和国妇女权益保障法》《中华人民共和国就业促进法》《中华人民共和国社会保险法》《中华人民共和国劳动合同法实施条例》《国务院关于职工工作时间的规定》《职工带薪年休假条例》《工伤保险条例》《失业保险条例》《保障农民工工资支付条例》等。本节对部分劳动法律法规进行简要介绍。

一、《中华人民共和国宪法》关于劳动的相关规定

劳动权是公民的基本权利之一,《中华人民共和国宪法》作为国家的根本法对保护公民劳动权利进行了明确规定。

《中华人民共和国宪法》明确规定,中华人民共和国公民有劳动的权利和义务。国家通过各种途径,创造劳动就业条件,加强劳动保护,改善劳动条件,并在发展生产的基础上,提高劳动报酬和福利待遇。劳动是一切有劳动能力的公民的光荣职责。国有企业和城乡集体经济组织的劳动者都应当以国家主人翁的态度对待自己的劳动。国家提倡社会主义劳动竞赛,奖励劳动模范和先进工作者。国家提倡公民从事义务劳动。国家对就业前的公民进行必要的劳动就业训练。

国家依照法律规定实行企业事业组织的职工和国家机关工作人员的退休制度。退休人员的生活受到国家和社会的保障。

中华人民共和国公民在年老、疾病或者丧失劳动能力的情况下,有从国家和社会获得物质帮助的权利。国家发展为公民享受这些权利所需要的社会保险、社会救济和医疗卫生事业。

二、《中华人民共和国劳动法》

《中华人民共和国劳动法》是为了保护劳动者的合法权益,调整劳动关系,建立和维护适应社会主义市场经济的劳动制度,促进经济发展和社会进步,根据宪法所制定。《中华人民共和国劳动法》于 1994 年 7 月 5 日第八届全国人民代表大会常务委员会第八次会议通过,根据 2009 年 8 月 27 日第十一届全国人民代表大会常务委员会第十次会议通过的《全国人民代表大会常务委员会关于修改部分法律的决定》第一次修正,根据 2018 年 12 月 29 日第十三届全国人民代表大会常务委员会第七次会议通过的《全国人民代表大

会常务委员会关于修改〈中华人民共和国劳动法〉等七部法律的决定》第二次修正。

《中华人民共和国劳动法》对促进就业、劳动合同和集体合同、工作时间和休息休假、工资、劳动安全卫生、女职工和未成年工特殊保护、职业培训、社会保险和福利、劳动争议、监督检查、法律责任等问题做了明确的规定。《中华人民共和国劳动法》成为其他劳动法律法规的遵循,是对劳动关系的全面阐述。

三、《中华人民共和国劳动合同法》

《中华人民共和国劳动合同法》是为了完善劳动合同制度,明确劳动合同双方当事人的权利和义务,保护劳动者的合法权益,构建和发展和谐稳定的劳动关系而制定的。

《中华人民共和国劳动合同法》于2007年6月29日第十届全国人民代表大会常务委员会第二十八次会议通过,根据2012年12月28日《全国人民代表大会常务委员会关于修改〈中华人民共和国劳动合同法〉的决定》修订。

专门规范劳动合同的制度称为劳动合同制度。劳动合同制度是整个劳动法体系中的核心内容。劳动合同与每个劳动者息息相关,是每个劳动者走上工作岗位与用人单位发生劳动关系时都必须签署的协议。劳动合同制度的内容是劳动者与用人单位经过平等协商后达成的关于责任、权利和义务的条款。劳动合同一般包括当事人名称(姓名)和地址、合同期限、试用期、职务、工作时间、劳动报酬、劳动纪律、政治待遇、教育与培训、劳动合同变更、劳动合同解除、劳动合同终止、违约责任、其他事项(如住房问题、特殊困难)、争议处理等内容。通过对劳动合同制度的学习,劳动者可以懂得签订劳动合同时应注意哪些事项,依法享有哪些权利、承担什么义务,劳动合同变动的风险与后果等问题。

四、《中华人民共和国劳动争议调解仲裁法》

《中华人民共和国劳动争议调解仲裁法》是为了公正及时解决劳动争议,保护当事人合法权益,促进劳动关系和谐稳定而制定的,于2007年12月29日第十届全国人民代表大会常务委员会第三十一次会议通过。

劳动争议处理制度是指在劳动争议处理过程中,由争议处理机构各自的地位和相互关系形成的有机整体。目前,我国劳动争议处理机制采取"一调一裁二审"制,即劳动争议发生后首先由当事人申请调解,调解不成或当事人不愿调解的应当先向劳动争议仲裁委员会申请劳动争议仲裁,只有当一方或双方当事人不服劳动争议仲裁裁决时,才可向人民法院起诉。

仲裁是劳动争议的前置程序,诉讼是劳动争议的最终程序。根据有关规定,发生劳动争议后，劳资双方应当自劳动争议发生之日起六十日内提请劳动争议仲裁，劳动争议仲裁委员会一般应在收到仲裁申请的六十日内作出仲裁裁决；当事人不服仲裁裁决的，可以自收到仲裁裁决书之日起十五日内向人民法院提起诉讼。劳动者在劳动过程中要注意保留证明劳动关系存在或劳动者权利成立的相关证据，以备不时之需。我国劳动争议仲裁流程图如图6-1所示。我国劳动争议起诉流程图如图6-2所示。

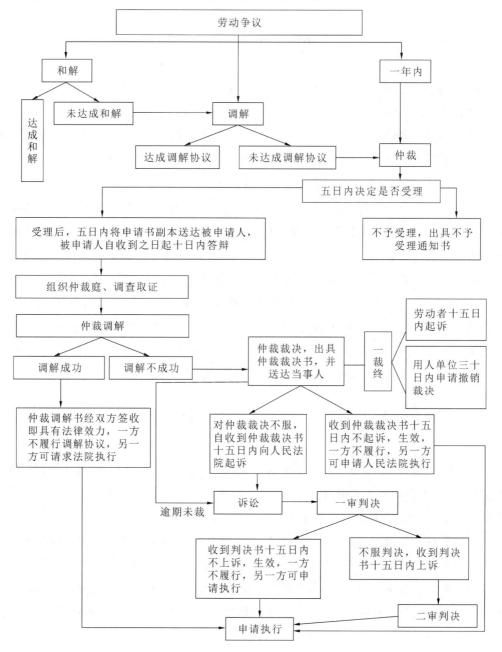

图6-1 我国劳动争议仲裁流程图

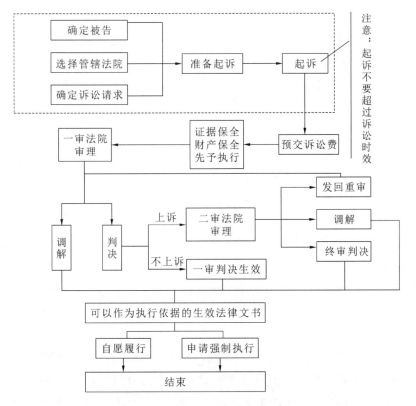

图 6-2　我国劳动争议起诉流程图

五、《中华人民共和国民法典》关于劳务合同的规定

2020年5月28日,第十三届全国人民代表大会第三次会议通过了《中华人民共和国民法典》,自2021年1月1日起施行。《中华人民共和国民法典》共七编一千二百六十条,各编依次为总则、物权、合同、人格权、婚姻家庭、继承、侵权责任。通篇贯穿以人民为中心的发展思想,着眼于满足人民对美好生活的需要,对民事主体的人身权利、财产权利、人格权等作出明确、翔实的规定,并规定侵权责任,明确权利受到削弱、减损、侵害时的请求权等。

《中华人民共和国民法典》对于劳动权益保护有以下规定。

(1) 对于劳动者的人格权保护。

根据《中华人民共和国民法典》的规定,人格权是民事主体享有的生命权、身体权、健康权、姓名权、名称权、肖像权、名誉权、荣誉权、隐私权等权利。除前款规定的人格权外,自然人享有基于人身自由、人格尊严产生的其他人格权益。上述人格权与其他人格权益也是劳动者依法享有的基本权利,依法受到法律保护。

(2) 建设项目优先受偿。

《中华人民共和国民法典》规定,发包人未按照约定支付价款的,承包人可以催告发包人在合理期限内支付价款。发包人逾期不支付的,除根据建设工程的性质不宜折价、拍卖外,承包人可以与发包人协议将该工程折价,也可以请求人民法院将该工程依法拍卖。建设工程的价款就该工程折价或者拍卖的价款优先受偿。承包人依据合同依法享有获取劳动报酬的权利,法律规定优先受偿权是对劳动者依法取得劳动报酬的权利的保障。

(3) 劳务过程中的侵权责任。

《中华人民共和国民法典》规定,个人之间形成劳务关系,提供劳务一方因劳务造成他人损害的,由接受劳务一方承担侵权责任。接受劳务一方承担侵权责任后,可以向有故意或者重大过失的提供劳务一方追偿。提供劳务一方因劳务受到损害的,根据双方各自的过错承担相应的责任。

提供劳务期间,因第三人的行为造成提供劳务一方损害的,提供劳务一方有权请求第三人承担侵权责任,也有权请求接受劳务一方给予补偿。接受劳务一方补偿后,可以向第三人追偿。

我国法律在围绕劳务过程中的侵权责任问题上,始终秉持优先保护劳动者合法权益的原则,认为应当由雇主承担劳动者从事劳动过程中造成的损害责任,除非有证据证明这种损害是劳动者故意为之或者有重大过失。同样地,若劳动者在劳动过程中受到损害,也应当首先保护劳动者的权益。

(4) 被派遣员工因工侵权,用工单位承担责任。

《中华人民共和国民法典》规定,用人单位的工作人员因执行工作任务造成他人损害的,由用人单位承担侵权责任。用人单位承担侵权责任后,可以向有故意或者重大过失的工作人员追偿。

劳务派遣期间,被派遣的工作人员因执行工作任务造成他人损害的,由接受劳务派遣的用工单位承担侵权责任;劳务派遣单位有过错的,承担相应的责任。

(5) 用人单位有防止和制止性骚扰义务。

《中华人民共和国民法典》规定,违背他人意愿,以言语、文字、图像、肢体行为等方式对他人实施性骚扰的,受害人有权依法请求行为人承担民事责任。

机关、企业、学校等单位应当采取合理的预防、受理投诉、调查处置等措施,防止和制止利用职权、从属关系等实施性骚扰。

六、关于维护新就业形态劳动者劳动保障权益的指导意见

《中华人民共和国就业促进法》于2007年8月30日第十届全国人民代表大会常务委

员会第二十九次会议通过,自 2008 年 1 月 1 日起施行,于 2015 年 4 月 24 日第十二届全国人民代表大会常务委员会第十四次会议修订。为了促进就业,促进经济发展与扩大就业相协调,促进社会和谐稳定,制定本法。《中华人民共和国就业促进法》规定,国家把扩大就业放在经济社会发展的突出位置,实施积极的就业政策,坚持劳动者自主择业、市场调节就业、政府促进就业的方针,多渠道扩大就业。劳动者依法享有平等就业和自主择业的权利。劳动者就业,不因民族、种族、性别、宗教信仰等不同而受歧视。国家倡导劳动者树立正确的择业观念,提高就业能力和创业能力,鼓励劳动者自主创业、自谋职业。各级人民政府和有关部门应当简化程序,提高效率,为劳动者自主创业、自谋职业提供便利。

第三节　劳动与知识产权保护

知识产权是人类在社会实践中创造的智力劳动成果的专有权利,是社会财富的重要来源。习近平总书记在主持中共中央政治局第二十五次集体学习时强调:"创新是引领发展的第一动力,保护知识产权就是保护创新。"加强知识产权保护,是完善产权保护制度最重要的内容,也是提高我国经济竞争力的最大激励。党的十八大以来,以习近平同志为核心的党中央从加强顶层设计、完善法律法规、改革体制机制、加强司法和行政保护等方面,对知识产权保护制度作出决策部署,采取切实措施,取得了良好成效。全面建设社会主义现代化国家,必须从国家战略高度和进入新发展阶段要求出发,全面加强知识产权保护工作,促进建设现代化经济体系,激发全社会创新活力,推动构建新发展格局。知识产权既是现代劳动的成果,也是提高劳动效率、创造更多更优质劳动成果的重要抓手,两者关系极为密切。我们必须高度重视劳动与知识产权保护问题。特别是,新时代大学生作为科技创新的生力军,对劳动与知识产权保护问题需要重点关注。

一、职务发明、职务作品的知识产权归属

1. 职务发明及其知识产权归属

职务发明是指企业、事业单位、社会团体、国家机关等的工作人员执行本单位的任务或者主要是利用本单位的物质条件所完成的发明。在专利法体系中,这种关系集中体现为职工完成的发明创造的权利归属问题,即职工完成的发明创造是职务发明还是非职务发明。原则上,这一问题的解决应当遵从"合同优于法律"的原则,即有关发明创造的权利归属问题首先应当按照劳动合同中的约定来解决。

《中华人民共和国专利法》中第六条规定,执行本单位的任务或者主要是利用本单位的物质技术条件所完成的发明创造为职务发明创造。为进一步明确"职务发明"的具体情形,《中华人民共和国专利法实施细则》中第十二条对其进行了内涵上的限定:专利法第六条所称执行本单位的任务所完成的职务发明创造,是指在本职工作中作出的发明创造;履行本单位交付的本职工作之外的任务所作出的发明创造;退休、调离原单位后或者劳动、人事关系终止后1年内作出的,与其在原单位承担的本职工作或者原单位分配的任务有关的发明创造。专利法第六条所称本单位,包括临时工作单位;专利法第六条所称本单位的物质技术条件,是指本单位的资金、设备、零部件、原材料或者不对外公开的技术资料等。

2. 职务作品及其知识产权归属

职务作品是指自然人为完成法人或者非法人组织工作任务所创作的作品。其特征是:创作的作品应当属于作者的职责范围;对作品的使用应当属于作者所在单位的正常工作或业务范围。

根据《中华人民共和国著作权法》的相关规定,职务作品的著作权归属有两种情况。

(1) 职务作品的著作权由作者享有。这是职务作品著作权归属的一般规定,例如,学校教师为教学编写的教材,社会科学研究人员为本单位研究课题所写的论文,记者为本报社、杂志社撰写的稿件,剧团创作人员为剧团编写的剧本、曲谱等职务作品的著作权,在没有特殊约定的情况下,属于作品完成者个人。在这种情况下,对作品的使用主要有四种情况。①单位有权在其业务范围内优先使用。作品完成两年内,未经单位同意,作者不得许可第三人以与单位使用的相同方式使用该作品。②在作品完成的两年内,如果单位在其业务范围内不使用,作者可以要求单位同意由第三人以与单位使用的相同方式使用,单位没有正当理由不得拒绝。③在作品完成的两年内,经单位同意,作者许可第三人以与单位使用的相同方式使用作品所获得的报酬,由作者与单位按约定的比例分配。④作品完成两年后,单位可以在其业务范围内继续使用。作品完成两年的期限,自作者向单位交付作品之日起计算。

(2) 在下列情况下的职务作品,除署名权外,其他著作权由单位享有。①主要是利用单位的物质技术条件创作,并由单位承担责任的工程设计图、产品设计图、地图、计算机软件等职务作品。②法律、行政法规规定著作权由单位享有的职务作品。③由作者与其所在单位以合同约定著作权由单位享有的职务作品。

综上,职务作品一般是由劳动者为用人单位所完成的作品,如果此作品的著作权由单位所得,那么劳动者也有权利得到相应的报酬和署名的权利,所以,双方一定要协商好,以避免引起纠纷。

二、劳动中的知识产权保护相关问题

1. 劳动中的知识产权保护方法

（1）注册专利、商标和著作权。

对于那些可以受到知识产权保护的作品和发明，及时向专业机构进行注册申请，可以有效地确立自己对作品和发明的专利权。

（2）加强保密措施。

对于未被注册的工作成果和未发表的想法，可以通过保密措施防止知识产权被非法获取，以保障自己的利益。

（3）定期检查和监测。

对于已经注册的商标、专利和著作权，需要定期检查和监测，以防他人侵犯自己的知识产权权益。在发现侵权行为后，及时采取措施，维护自己的知识产权权益。

（4）签订专门的合同和协议。

在与他人合作的过程中，可以通过签订专门的合同和协议，明确各方之间的知识产权权益和义务，确保任何一方的知识产权都不会受到侵犯。

（5）寻求专业法律帮助。

如果遇到知识产权侵权问题，可以寻求专业法律帮助，及时采取法律手段，保护自己的合法权益，并获得应有的赔偿。

2. 劳动中的知识产权维权方法

（1）向工商行政管理部门投诉并申请行政查处知识产权侵权行为。

（2）向新闻媒体曝光。

（3）搜集、保存知识产权侵权的证据，有必要的话可以咨询律师，请律师对知识产权侵权事实进行调查、取证、委托公证。

（4）与侵权行为人协商解决知识产权纠纷事宜或通过法律诉讼解决，维护自己知识产权的合法权益。

三、大学生劳动实践中的知识产权风险防范

大学生由于涉世未深，社会经验明显不足，看问题易于简单化、直接化和理想化，缺乏基本的自我保护技巧，知识产权保护意识也不强，很容易在无意之中侵犯他人知识产权，给自己带来不必要的麻烦和不好的影响，必须提前做好相应风险防范工作。

大学生在校外实习中遇到的知识产权风险主要涉及以下六个方面：大学生参与高校

相关科研项目时无意间侵犯高校知识产权的风险,参与科研立项时可能导致的知识产权侵权风险,实习中可能泄露实习单位商业秘密的风险,实习中侵犯学校和实习单位之外他人的知识产权的风险,实习中运用所学知识造成高校知识产权流失的风险,实践中出现知识产权人身权利流失的风险等。

为了避免大学生校外实习中出现知识产权风险,应该采取如下措施来防范。

第一,增强大学生自身知识产权风险管理意识。在校大学生要充分利用良好的教育资源和条件,加强对知识产权法律法规的学习,切实增强自己的知识产权风险管理与控制的意识,要绷紧知识产权保护这根弦,既不侵犯他人的知识产权,也要保护好自己的知识产权。

第二,加强实习前知识产权侵权行为的提示和训练。作为组织在校学生进行校外实习的高校,要加强在校大学生实习前的知识产权法律辅导,开展定向性的知识产权风险管理咨询,针对可能遇到的各种知识产权风险,对大学生进行必要的事前提示和应对风险的训练,做到未雨绸缪,防患于未然。

第三,为大学生开设知识产权选修课程。大学生要在保证完成必修课学习的基础上,有意识地选修相关知识产权课程,较为系统地学习知识产权法律知识、国际规则和实务经验,以便使自己在校外实习过程中以及今后走向社会参加各类创新活动中,在知识产权风险管理与控制方面居于主动地位,从而有效管控、防范和规避各种知识产权风险,避免经济损失和人身权利流失。

第四,实习协议中明确校外实习中知识产权保护的责任和义务。大学生实习前,高校要进行全面的和确切的知识产权法律咨询,请知识产权专业人员帮助把关,做到"关口前移",与实习单位签署好实习协议,设定好知识产权相关条款,既有利于实习单位的创新发展,也有利于高校和大学生权益的保障,从而达到与实习单位分利不分权或者利益和权利共享的共赢效果。

第四节 劳动义务与契约精神

劳动义务是劳动者依据法律法规规定必须为一定行为或不得为一定行为的法律义务。劳动者的劳动权利和义务一方面必须依照《中华人民共和国宪法》和《中华人民共和国劳动法》等法律法规的规定,另一方面,其具体内容则由劳动者与用人单位签订的劳动合同来予以详细约定。劳动者和用人单位的权益能否实现、得到共赢,关键在于双方都要遵循契约精神、严格遵照劳动合同的约定来履行各自的义务。

一、劳动义务与劳动权利的关系

劳动义务与劳动权利是辩证统一的关系。无论是劳动者,还是用人单位,都享有《中华人民共和国劳动法》规定的权利和义务,应该依法签订劳动合同,明确双方的权利和义务。当事人享有劳动合同规定的权利,也必须履行劳动合同规定的义务。"没有无义务的权利,也没有无权利的义务"。在这个意义上,权利和义务是辩证统一的关系。《中华人民共和国劳动法》中体现了劳动者和用人单位间权利和义务的关系,主要体现在以下几个方面。

(1)结构上的相关关系。劳动者与用人单位之间的权利与义务在结构上是相互关联的。

(2)数量上的等值关系。任何社会的权利总量和义务总量总是相等的。

(3)功能上的互补关系。权利与义务在功能上的互补关系是由它们的特性所决定的。

(4)价值意义上的主次关系。在价值意义上,权利处于主要和主导地位,而义务处于次要和非主导地位。权利是义务存在的依据和意义。

(5)权利与义务的一致性。权利与义务的一致性是指特定主体所享有的权利与所承担的义务是对等的。

二、劳动义务的主要内容

根据《中华人民共和国劳动法》的规定,劳动者享有平等就业和选择职业的权利、取得劳动报酬的权利、休息休假的权利、获得劳动安全卫生保护的权利、接受职业技能培训的权利、享受社会保险和福利的权利、提请劳动争议处理的权利以及法律规定的其他劳动权利。劳动者应当积极完成劳动任务,提高职业技能,执行劳动安全卫生规程,遵守劳动纪律和职业道德。

1. 积极完成劳动任务

当劳动者与用人单位建立劳动关系后,就要积极履行劳动合同约定的劳动义务。《中华人民共和国劳动法》中第三条明确规定了"劳动者应当完成劳动任务"的义务。首先,劳动者必须按照劳动合同所规定的方式进行劳动,更改约定方式必须经过用人单位同意,并不得违反工作方式中的本质性要求。其次,劳动者必须亲自履行劳动义务,不得随意转让劳动义务,也不得随意找他人代替劳动。最后,劳动者积极完成劳动任务的义务要求劳动者应当按时完成劳动合同规定的劳动内容。

2. 提高劳动技能

劳动者不仅要在接受劳动培训过程中积极学习本职工作的劳动技能,在日常的劳动过程中,还要努力钻研,不断探索提高劳动效率的新方法、新思路。

3. 执行劳动安全卫生规程

劳动生产活动的安全卫生一向是我国政府和社会关注的焦点。保障劳动安全卫生既是国家和用人单位的责任,也是劳动者的义务。

4. 遵守劳动纪律和职业道德

遵守劳动纪律和职业道德是我国劳动者应尽的义务。

5. 法律规定的其他义务

除了上述义务之外,我国法律还规定了劳动者应履行的其他义务,如劳动者有参加社会保险的义务、劳动者有保守用人单位商业秘密的义务以及劳动者应当履行劳动合同约定的义务等。

三、严守契约精神、履行劳动义务

契约精神是指在合作关系中遵守诚信、信守承诺的一种精神状态。它涵盖了个人、企业和政府等不同领域中各种合同、协议、承诺和义务的履行,是社会生活中不可或缺的一部分。契约精神的核心是诚信。在合作关系中,各方要遵循契约精神,诚实守信,共同推动合作事业的发展。这种精神不仅在商业合作中至关重要,在政治、文化、社会等领域也同样重要。

劳动者与用人单位签订劳动合同后,双方就应严守契约精神,全面履行各自的义务。用人单位应当按照劳动合同约定和国家规定,向劳动者及时足额支付劳动报酬。用人单位拖欠或者未足额支付劳动报酬的,劳动者可以依法向当地人民法院申请支付令。劳动者也必须依照劳动合同约定,发扬劳动精神,爱岗敬业、诚实守信、创新进取,全面、认真、及时、高质量完成劳动任务,切实维护好用人单位利益,通过促进用人单位的发展来推动社会进步,同时自己也能得到不断提升,使契约精神内化于心、外化于行。

第五节 大学生实习、就业权益保护

实习,是大学生从校园走向社会的第一步,也是在校大学生积累人力资本的途径之一。在实习期间,大学生既是一名学生,又是一名劳动者,从相对单纯的校园进入缤纷的社会,必然会面临诸多问题。就业是民生之本,也是大学生最为关心的现实问题,大学生在求职、就业过程中,会面临不少问题。面对这些问题,大学生要提前做好心理建设和知识储备。

一、大学生实习期间常见问题

1. 安全问题

1) 交通安全

要乘坐正规的有安全保障的交通工具,坚决抵制拉客行为。严格遵守各项安全乘车规定,服从工作人员的管理。

2) 财物安全

外出实践时,随身不应携带过多现金,只留少量零用钱。一般不要将自己的行李交给不相识的人看管。在车、船上过夜时,要将贵重物品放在自己的贴身处。毕业时,需要自己保管的证件、证书很多,其中有些是不能被复制的,如果不慎丢失、损坏,补办起来相当麻烦。如果不幸被盗,应立即向当地公安机关报案,并积极配合公安机关开展侦破工作。

3) 投宿安全

要入住有营业执照并且管理正规的旅馆或招待所,可以将贵重物品交给服务台保管。夜间不要单独外出,睡觉时门窗要锁好,不要与陌生人住在一个房间。

4) 旅途交友安全

"知人知面不知心"。"逢人且说三分话,未可全抛一片心"。不随便接受陌生人的食物和饮料,不轻易答应陌生人的邀请约会。

5) 野外安全

在实践过程中,需要走很多路,为了保护脚,需要穿合适的运动鞋。雨天路滑,要注意行走安全,遇到大风大雨,要及时躲避。

6) 劳动安全

要尽快地熟悉所从事职业岗位的工作特点,掌握必要的基本安全常识,遇到问题要不耻下问,要谦虚谨慎,在困难和挫折中不断总结经验、树立自信心,始终保持平常的心态去迎接各种挑战。

2. 劳动报酬相关问题

1) 实习生的劳动报酬

实习生为实习单位服务,提供了劳动,因此,实习单位应该给予实习生一定的劳动报酬。

2）实习生劳动报酬的标准

实习生与用人单位没有形成劳动关系,用人单位无须按照最低工资标准支付劳动报酬。用人单位应当给实习生提供一定的报酬,但这不能看作是工资,而是一种劳动报酬。我国个别地区也有政策规定实习生的工资不能低于当地最低工资标准。

3）实习生的劳动报酬须纳税

《财政部 国家税务总局关于企业支付学生实习报酬有关所得税政策问题的通知》(财税〔2006〕107号)规定,凡与中等职业学校和高等院校签订三年以上期限合作协议的企业,支付给学生实习期间的报酬,准予在计算缴纳企业所得税税前扣除。对中等职业学校和高等院校实习生取得的符合我国个人所得税法规定的报酬,企业应代扣代缴其相应的个人所得税款。

3. 实习期间意外伤害事件的处理

在实习过程中,如果发生意外伤害事件,应保持沉着冷静,对现场情况进行客观分析,切不可意气用事,同时,积极配合当地相关部门处理事故,在第一时间将具体情况告知学校、老师和家长,以便学校及时、妥善处理。

1）自身防范

在实习前认真进行课堂学习,熟悉相关安全事故类型,团队安全负责人必须认真参加学校组织的实习安全教育培训;认真学习《学生伤害事故处理办法》、了解常见事故的处理程序;严格遵守国家的法律法规,遵守社会公德,不做违法乱纪和有损学校形象的事情,自觉遵守实习单位的规章制度;自觉保护自己和同伴的生命及财产安全,敢于指正身边同学实习过程中的不安全行为;保持手机畅通,定时和家长、学校联系;如果遇突发事件,及时与学校、学院及指导老师联系。

2）与实习单位和当地居民的接触

在进行实习策划时务必与实习地提前取得联系,得到实习地的许可与支持后方可进行实习;在前期联系实习单位时,要谦恭有礼,语言上要把握好尺度;与当地居民接触时,要态度真诚,注意礼节,尊重当地的风俗习惯,最好在出发前就通过网络等途径对实习地的习俗进行大致了解,以避免一些不适当的言行等;临别时,要向对方致谢,归还相关物品,如果条件允许,还可以赠送校园文化纪念品给对方等;返校后,可以通过书信、邮件、电话、传真等方式与实习中给予自己帮助和支持的单位或个人表示感谢,并及时向实习地(单位)反馈自己的实习成果。

4. 实习期间需整理和保存的资料

实习过程中的材料对实习的后期总结、实习报告的撰写及实习成果的转化等都有很大的帮助,一旦遗失,会造成很多不便,因此在实习过程中,对于资料的整理和保存要注意以下几点。

(1) 能够对每天实习活动所得到的数据、访谈记录、有意义的事件、心得体会等,进行及时的整理,以保证实习活动的连贯性,避免因时间太久而遗忘重要信息。

(2) 要妥善保管一些纸质材料(如媒体报道材料、记录手稿等),并将其统一归入特定的档案袋或文件夹中,防止散失。

(3) 对于电子资料,要留存备份,防止因存储介质损坏而导致资料丢失。

(4) 要及时留存实习中的交通票据、发票,方便后期报销。

5. 实习期间需向学校反馈信息

反馈信息是必要的,大学生在从走出校园到平安归来的期间,需要注意以下几点。

(1) 到达实习地时需向学校反馈信息,实习结束后也需反馈相应的信息。

(2) 时刻保持手机畅通,与家长、学校、指导老师保持联系,并及时向指导老师反馈安全情况、实习进展等。

(3) 实习过程中,做好相片采集、实习活动记录、数据整理、实习总结、调研分析等工作。将发生的有意义的、值得宣传的活动和事件写成电子新闻稿,提交指导老师做好宣传报道。注意收集、保存实习的原版报道,便于学校保存留档。

(4) 注意实习过程中的人身安全,时刻与学校保持联系。要做好有可能出现的疾病的预防工作,并备好常用药。

二、签订协议时需要注意的事项

1) 对签约单位进行较全面的了解

不少大学生求职心切,遇到一个要求马上签约的单位,就会不假思索地立即签约。这样很可能会"上错花轿嫁错郎",一旦真正了解了签约单位,很可能会违约,给签约单位和自己都带来了不必要的麻烦。

2) 认真审查协议书和补充协议书的内容

协议书的内容涉及双方的权利义务,一定要认真审查。首先,审查协议书的内容是否合法,是否符合国家相关法律和政策。其次,审查和仔细推敲双方权利和义务是否合理。由于现在使用的格式协议书内容简单,毕业生可以和用人单位协商,就原协议书中未能体现的具体权利和义务用补充协议的形式表达出来。必须指出,补充协议书和主协议书具有同等法律效力。如果遇到单位在协议书或者补充协议书中只规定毕业生定期服务的义务和违反约定时的赔偿,而不提及单位提供的工资标准、工作岗位和工作条件等必备的约束用人单位的条款,那么毕业生就需要谨慎考虑。

3）审查单位主体资格是否合格

协议双方的资格是否合格是协议书是否具有法律效力的前提。用人单位,无论是机关、事业单位还是企业(不包括私营企业),必须要有进人的权力。如果其本身不具备进人的权力,则必须经其具有进人权力的上级主管部门批准同意。因此,毕业生签约前,一定要先审查用人单位的主体资格。

4）违约责任是否明确

违约责任是指协议当事人因过错而不履行或不完全履行协议规定的义务应承担的法律责任,它是保证协议履行的有效手段。鉴于实践中毕业生及用人单位违约率有所增加的状况,协议书中的违约责任条款就显得更为重要。因此,在协议书的内容中,应详细表述当事人双方的违约情形及违约后应负的责任,同时还应写明当事人违约后通过何种方式、途径来承担责任。这样,才能更有利于当事人双方履行协议,也有利于以后违约纠纷的解决。

5）协议的形式是否合法

毕业生和用人单位对协议书中各项条款要协商一致,签约时要注意完整地履行手续。第一,毕业生要签名并写清签约时间。第二,用人单位及其上级主管部门必须加盖单位公章并注明时间,不能用个人签字代替单位公章。第三,毕业生和用人单位签字后需将协议书交给学校就业主管部门履行相关手续。第四,用人单位和毕业生各保留一份协议书,并将第三份协议书交学校保管。

根据《中华人民共和国劳动法》有关规定,劳动合同应当以书面形式订立,并备以下七个方面的条款。

(1) 劳动合同期限。我国的劳动合同可以分为有固定期限劳动合同、无固定期限劳动合同和以完成一定的工作为期限的劳动合同,实际生活中有固定期限劳动合同比较普遍。有固定期限劳动合同应明确劳动合同的开始期限和终止期限。

(2) 工作内容。工作内容即所从事的工作和工作岗位。应当尽量明确工作岗位,因为岗位的设定直接关系到劳动者是否能够胜任工作、是否负有保密责任以及以后续订合同时是否可以约定试用期等一系列问题。

(3) 劳动保护和劳动条件。很多人在签订劳动合同时容易忽略这部分,这部分恰是劳动合同的最大板块,其内容几乎涵盖了半部《中华人民共和国劳动法》,工作时间和休息休假、劳动安全卫生、女职工和未成年工特殊保护、职业培训、社会保险和福利等规定都具体反映在这一部分。

(4) 劳动报酬。这部分比较重要,应写明劳动报酬的具体数额或计算方法及支付日期,并明确该劳动报酬是税前还是税后,以及社会保险费的缴纳情况。

(5) 劳动纪律。《中华人民共和国劳动法》中没有过多的规定,劳动合同一般也只作原则性规定,主要反映在企业内部规章制度中,劳动者对此也应进行详细了解,因为这涉及日后解除劳动合同的理由是否成立等。

(6) 劳动合同终止的条件。应当严格按照法律法规的有关规定订立劳动合同,对不符合劳动法律法规的规定,不发生终止劳动合同的效力。

(7) 违反劳动合同的责任。劳动合同中对劳动者违约金的约定只能包含违反服务期约定的和违反保守商业秘密约定的两类。其他约定均属无效约定。注意:就业协议不是劳动合同,不适用此规定。

以上七个条款是劳动合同生效的法定要件,但是劳动合同的无效不等同于劳动关系的无效。即使劳动合同在形式上存在缺陷,或者应当签订但是没有签订劳动合同,只要有事实的劳动关系存在,劳动者的合法权益仍然受保护。

劳动合同除了上述七个方面的必备条款外,还包括当事人协商约定的其他内容,即约定条款。法定条款与约定条款不同,某些条款受到法律法规的严格限制,甚至对条款的内容都作了具体的规定。这些法律规定从劳资间强弱失衡的现实出发,最大限度地保护劳动者的权益。

三、大学生就业陷阱的识别

大学生就业竞争日趋激烈,就业压力日渐加大,一些招聘单位、中介机构或个人,利用大学生社会经验不足、自我保护意识差、求职心切等弱点,以提供就业机会为诱饵,采用违背道德、违反法律等手段,与大学生达成权利与义务不对等的就业意向或协议,使大学生受骗上当,合法权益受到侵犯。因此,广大毕业生在求职过程中应当学会识别和规避各种就业陷阱,增强自我保护意识,明晰劳动法律法规中的相关规定,了解和掌握维权求助的途径,维护自己的权益。

1. 费用陷阱

一些用人单位在招聘中向毕业生收取名目繁多的费用,如风险抵押金、报名费、培训费、考试费、资料费、登记费、服装费等,不但加重了毕业生的负担,有些甚至是骗取钱财。有些毕业生不想错过机会,尝试先交费,结果受骗上当。我国《劳动力市场管理规定》明确禁止用人单位招用人员时有下列行为:向求职者收取招聘费用;向被录用人员收取保证金或抵押金;扣押被录用人员的身份证等证件;以招用人员为名牟取不正当利益或进行其他违法活动。

2. 高薪陷阱

求职中,毕业生往往容易被优厚的待遇、高额的工资所吸引,等到正式开始工作时才发现,用人单位以各种各样的理由和借口不予兑现招聘时所做出的承诺,或用人单位对薪水中的不确定收入部分给予虚假或模糊的承诺,最终不能兑现。针对这种情况,毕业生一定要在求职时对用人单位做深入了解,重在预防,不要盲目签约。

3. 试用期陷阱

试用期陷阱主要有以下几种形式。

(1) 试用期间只试用不录用。毕业生辛辛苦苦等到试用期满时,用人单位随意找个理由就把毕业生辞退了。

(2) 试用期不签订劳动合同,试用合格后才签订劳动合同。法律规定,劳动合同可以约定试用期,试用期应当包含在劳动合同期限内。因此,毕业生在被用人单位录用后就应该订立劳动合同,双方在法律法规允许的范围内约定试用期。

(3) 随意延长试用期。《中华人民共和国劳动合同法》对试用期有明确规定,有些单位却拒不执行。

(4) 故意混淆试用期与实习期、见习期的概念,以达到侵犯毕业生合法权益的目的。实习期是大学生到单位进行实践活动的时间,属于教学过程的一部分。见习期是对应届毕业生进行业务适应及考核的一种制度,不是劳动合同制度下的概念,而是人事制度下的做法。

(5) 榨取廉价劳动力,支付低工资甚至不支付工资。

(6) 单独签订试用期合同。试用期结束时,用人单位将毕业生辞退,同时又以劳动合同没有生效为由,逃避责任。

4. 合同陷阱

现实生活中,有些用人单位在与毕业生签订劳动合同时采用欺诈、胁迫等手段设置陷阱,严重侵犯了毕业生的合法权益。合同陷阱一般有以下几种形式。

(1) 口头合同。用人单位与毕业生就责、权、利达成口头约定,不签订书面正式文本。

(2) 单方合同。用人单位在劳动合同里只约定毕业生的义务和用人单位的权利,而对毕业生的权利和用人单位的义务却很少提及甚至是根本不提。

(3) 生死合同。一些高危行业的用人单位会要求毕业生接受合同中的"生死协议",即一旦发生意外,企业不承担任何责任。

(4) 真假两份合同。假合同按照劳动部门规定的要求签订,以应付有关部门的检查,真合同往往是从用人单位利益出发的违法合同。

(5) 格式合同。用人单位采用的是根据劳动部门制定的合同示范文本打印的聘用合同,从表面上看不出有什么问题,但具体文字却表述不清,甚至可以有多种解释。

除以上陷阱外,还有遭遇黑中介、被用人单位当作廉价劳动力、无故克扣工资及不缴纳社会保险(养老保险、医疗保险、失业保险、工伤保险、生育保险)费,被骗取劳动成果,陷入传销骗局,被网络虚假招聘信息蒙蔽等诸多陷阱,毕业生在求职过程中一定要提高警惕,擦亮眼睛,绕过陷阱,最终实现顺利就业。

四、增强自我保护意识

大学毕业生就业权益保护的一个重要方面就是毕业生自我保护,主要体现在以下几个方面。

(1)端正求职心态,防止急躁情绪。激烈的就业竞争往往会使毕业生产生盲目、焦急和浮躁等不良心态,这就给一些不法单位和机构可乘之机。因此,毕业生要调整情绪,保持平稳心态,在求职前做好心理准备,防止因轻信而上当受骗。

(2)对用人单位进行全面、深入的了解,未雨绸缪。毕业生对用人单位有择业知情权,签约前,毕业生应通过多种途径多方了解用人单位的各方面情况,最好进行实地考察,以做到心中有数。

(3)慎签就业协议和劳动合同,仔细阅读协议和合同的各项条款,明确双方的权利和义务,不留漏洞,以免日后产生纠纷。

(4)敢于维权。毕业生不仅要明确自己在就业过程中享有的权利,还要具有强烈的维权意识,当权益受到侵犯时,要敢于拿起法律武器据理力争,而不是选择忍气吞声,不了了之。只有这样,才能真正使自己处在与用人单位平等的地位,自己的合法权益才能得到切实的保障。

(5)注意收集证据。要有收集证据的意识,要求对方出示或者提供相关资料。及时保存证据,依法运用证据,在仲裁或诉讼时支持自己的观点。

五、大学生劳动维权途径

毕业生在自己的权益受到侵犯时,不要惊慌失措,更不要冲动蛮干,要懂得通过合法途径保护自己的权益。

1. 依靠学校

在求职过程中遇到问题、权益遭受侵犯时,应首先到学校的毕业生就业主管部门寻求帮助,学校有责任和义务维护学生的利益,学校对学生的保护最为直接。学校可以制定各项措施来规范用人单位的招聘行为,还有权抵制用人单位在招聘活动中的不公正甚至违法的行为,就业协议需要三方同意才能生效,对不符合规定的就业协议,学校有权不同意。

对于可以协商解决的问题,由学校与用人单位进行沟通,这将有助于问题的顺利解决。

2. 依靠国家行政机关

当权益受到侵犯时,毕业生可向各级行政主管部门举报、投诉。相关部门主要包括毕业生就业主管部门、劳动局所属的劳动监察部门、物价局所属的物价监察部门、技术监督局所属的技术监督部门、工商行政管理局等。这些部门会依法对侵犯毕业生合法权益的行为进行抵制和处理。

3. 借助新闻媒体

毕业生可以借助新闻媒体的力量,对自己的权益遭受侵犯的情况进行披露、报道,引起社会的关注和相关部门的重视,充分发挥新闻媒体的舆论监督作用,从而促进问题快速、有效的解决。

4. 寻求法律援助

法律援助是指由政府设立的法律援助机构组织法律援助人员为经济困难或特殊案件的人员给予减免收费提供法律服务的一项法律保障制度。法律援助是一项扶助贫弱、保障社会弱势群体合法权益的社会公益事业。毕业生遇到就业问题时也可以到当地的法律援助中心寻求法律帮助,主要形式有刑事辩护和刑事代理,民事、行政诉讼代理,非诉讼法律事务代理,公证证明,法律咨询、代拟法律文书,以及其他形式的法律服务。

5. 依靠司法机关

《中华人民共和国民事诉讼法》《中华人民共和国劳动法》《中华人民共和国行政诉讼法》《中华人民共和国刑事诉讼法》《中华人民共和国治安管理处罚法》等明确规定,被害人有权对侵犯其人身、财产权利的犯罪事实或犯罪嫌疑人,向公安机关或人民法院报案或提起诉讼。毕业生可在切身利益受到侵犯时,依靠司法机关保护自己的合法权益。

第七章 劳动教育实践

【本章导读】

　　劳动教育实践是劳动教育的重要组成部分,通过劳动实践,学生能够认识到劳动的重要性和必要性,通过劳动实践活动,学生可以真正走进试验田,综合应用理论及专业知识,使专业知识得到最大限度地吸收,培养了实践和创新能力,养成诚实守信、吃苦耐劳的品质。大学劳动教育实践不仅仅局限于日常生活劳动,更应该走向社会,深入城乡社区,开展不同类型服务性劳动,更应该结合"四新"专业和产业新业态,拓展生产性劳动新形态,在实习实训、专业服务和创新创业活动中运用新知识、新技术、新工艺、新方法推进社会发展、乡村振兴。

【学习目标】

　　(1) 了解劳动教育实践的类型及意义。

　　(2) 通过案例学习,掌握不同类型劳动教育实践开展的方法。

　　(3) 通过自身劳动实践,树立劳动最光荣、劳动最崇高、劳动最伟大、劳动最美丽的思想观念,养成诚实守信、吃苦耐劳的品质。

2020年,教育部印发的《大中小学劳动教育指导纲要(试行)》中指出,普通高等学校要使学生巩固良好日常生活劳动习惯,自觉做好宿舍卫生保洁,独立处理个人生活事务,积极参加勤工助学活动,提高劳动自立自强能力;强化服务性劳动,自觉参与教室、食堂、校园场所的卫生保洁、绿化美化和管理服务等,结合"三支一扶"、大学生志愿服务西部计划、"青年红色筑梦之旅""三下乡"等社会实践活动开展服务性劳动,强化公共服务意识和面对重大疫情、灾害等危机主动作为的奉献精神;重视生产劳动锻炼,积极参加实习实训、专业服务和创新创业活动,重视新知识、新技术、新工艺、新方法的运用,提高在生产实践中发现问题和创造性解决问题的能力,在动手实践的过程中创造有价值的物化劳动成果。职业院校、普通高等学校要注重结合产业新业态、劳动新形态,选择现代农业、工业、服务业项目,提升创造性劳动能力。

因此,劳动教育实践在强调日常生活劳动实践、提升个人劳动素养的基础上,注重通过走向社会、开展不同类型服务性劳动实践,培养学生的价值认同和责任担当意识,提升学生的社会参与意识及责任奉献意识。生产性劳动实践,更是结合目前"四新"人才培养新要求和在实践中发现问题和创造性解决问题能力的培养,将实践形式拓展到新工科、新文科、新农科和新医科劳动实践,强化新知识、新技术、新工艺、新方法在劳动实践中的使用,提升学生创造性劳动能力。

第一节 生活劳动与服务性劳动实践

一、生活劳动实践

1. 生活劳动实践概述

生活劳动主要指日常生活劳动,是一种立足个人生活事务处理的社会实践活动,是劳动最基本的形式。日常生活劳动与日常生活密切相关,直接体现和影响人的审美情趣、文明素养和幸福体验。日常生活劳动在直接满足生活需求的基础上,培养学生生活能力,养成良好卫生习惯,树立自立自强意识。大学生日常生活劳动应结合新时代校园爱国卫生运动来开展,主要劳动形式有宿舍整理美化劳动、校园绿化美化劳动、勤工助学等。

宿舍整理美化劳动主要包括打扫宿舍卫生、整理被褥、合理收纳归置个人物品、环境美化等。宿舍是大学生生活休息主要场所,是大学生在校学习期间共同的"家",一个干净、整洁、舒适的"家"需要宿舍成员共同营造和维护,这不仅使各宿舍成员心情愉悦、能增进舍友间的感情,还有助于提高学习效率,形成积极向上的生活态度和生活方式。

校园绿化美化劳动主要包括在学校后勤等相关部门的安排下参与的校园公共区域植树活动、花坛苗圃养护、卫生保洁、垃圾分类,以及公共场所(如教室、图书馆、活动室等)的清洁卫生等实践活动。美丽校园环境营造离不开师生每个人的努力和呵护,通过校园绿化美化劳动实践,厚植"爱校护校"情怀,培养尊重劳动、热爱劳动的意识。

勤工助学是指学生在学校组织下利用学习空余时间,自愿参与学校职能部门、图书馆、食堂等辅助工作的一种实践活动,学校遵循"学有余力、自愿申请、扶困优先、竞争上岗"的原则,在不影响教师正常教学和学生正常学习的前提下有组织地开展,学生通过劳动取得合法报酬,用以改善学习和生活条件。勤工助学可以让学生树立在经济上自立、生活上自主、精神上自强的意识,形成正确的劳动观,培养艰苦朴素、勤俭节约的品质。

2. 生活劳动实践案例

1)美化宿舍,争做文明寝室

(1)项目介绍。宿舍是大学生生活休息的重要场所,宿舍的整洁、文明、美化直接体现大学生的精神面貌和个人素质,直接关系到大学生的身心健康。当前部分大学生还存在只关注自己生活小空间、集体观念淡薄的问题,文明寝室建设不仅可以让大学生养成良好生活习惯和生活品位,也能促进大学生形成良好集体观念,养成不怕吃苦、主动为他人服务的意识。

(2)项目内容。主要包括宿舍卫生打扫、被褥整理、个人物品合理收纳归置、宿舍环境美化等。

(3)项目准备。清洁打扫工具,风格协调的墙纸、地胶、胶水、装饰挂件、窗帘及配件、鞋架等。

(4)项目实施。

① 明确宿舍美化要求。一是做到"六整洁""六个不",二是宿舍美化简洁大方、彰显寝室文化。"六整洁"指地面整洁、床褥整洁、书桌柜整洁、门窗整洁、卫生间整洁、其他个人物品摆放整洁;"六个不"指不使用违规电器、不乱扔垃圾、不养宠物、不留宿外来人员、不损坏公共设施、不留危险物品。

② 宿舍风格设计。宿舍风格可以设计为温馨、活泼、优雅、运动等。通过适当的装饰,营造温馨、舒适的氛围,体现低碳、环保的理念和生活方式。

③ 宿舍整理美化。充分发挥宿舍成员的能动性、创造性,发挥团队协作精神,完成物料采购,在整理美化好个人空间基础上,共同对公共空间(地面、门窗、卫生间、空调等)进行清理和美化。

④ 评比与完善。积极参与学校学工部举办的"文明寝室"评选,学习借鉴其他宿舍经验,以进一步改进。

2）校园环境治理，从我做起

（1）项目介绍。优美整洁的校园环境是在校生活期间高品质生活的要求，也能陶冶广大师生的情操、净化广大师生的心灵，能使全体师生以舒畅的心情投入教学与学习中去。作为一名新时代大学生，有责任、有义务为美化校园尽自己的绵薄之力。在积极参与校园环境治理的劳动实践中培养劳动奉献精神。

（2）项目内容。公共区域地面垃圾清扫，容易被保洁员忽视的"脏乱差"卫生死角，如墙角杂物、花坛枯枝败叶、墙面"牛皮癣"广告、下水沟残渣等的清理。

（3）项目准备。扫帚、铁锹、拖把、抹布、手套、垃圾袋、铲刀、塑料水桶、修枝剪、树叶清理器等。

（4）项目实施。

① 实施方案制定。协调学校后勤等相关部门，确定实施时间、任务和要求。实施时间一般为周末或其他课间课后空余时间；任务为学生公寓外公共区域的环境卫生清理；根据参与人员和项目内容进行分工，责任到人。

在项目实施过程中，在学校后勤等相关部门专职人员的指导下，根据任务有序开展环境清洁。例如，公寓墙角垃圾杂物清理，戴上手套或捡或扫，将杂物和垃圾清理到垃圾搬运车上；用修枝剪对花坛进行修整，用树叶清理器对修剪下来的残叶和花坛中枯枝败叶进行清理；用铁锹对下水沟残渣进行集中清理；用铲刀、抹布等对宿舍门口墙上"牛皮癣"广告等进行清理。根据任务分工，同学们要默契配合、高效清理。

② 实践活动验收。最后由后勤部门专职人员和辅导员进行验收点评。

3）植此青绿，你我同行

（1）项目介绍。十年树木，百年树人。植树节活动不仅是一项绿色实践活动，也是学校践行习近平生态文明思想、贯彻绿水青山就是金山银山理念的积极举措，对推进大学生劳动教育、传播生态文明理念、加快建设绿色校园具有十分重要的意义。每年植树节来临之际，校领导带领师生开展义务植树活动，为绿色校园添绿增彩，发扬"我的校园我守护"自主美化校园环境的主人翁精神。

（2）项目内容。在植树节来临之际，学校学工部组织学生在学校社区开展"植此青绿，你我同行"义务植树劳动教育活动。师生同植，共添新绿，以实际行动美化社区环境，共建绿色校园。

（3）项目准备。树苗、铁锹、手套、塑料水桶、扫帚等。

（4）项目实施。

① 培训指导。学院后勤部门园艺师傅进行现场指导，为同学们讲授植树的步骤和要点。

② 挖坑。给小树挖坑时，不能太深，也不能太浅。根据树苗的大小来确定坑的大小，

以保证树根可以容纳在坑内。坑的间距控制在合适的范围,避免树苗在生长的时候没有足够的光照。

③ 填土。挖好坑后在坑底回填一层整细翻耕后的泥土或熟土,以利于树根的生长,有条件还可施些肥。

④ 植树。植树时要确保扶正树苗,一人手握树干下半部分,将树苗放置在坑的中部,尽量保证树干垂直,且注意保护树苗根部。再将泥土均匀地覆盖在小树苗周围,填土的时候,要绕树踩实,再填一圈土,填的土要低于地面一些,这样方便以后养护浇水。

⑤ 浇水。给树苗浇水时,尽量将所填土浇透,只有充足的水分,才能使幼苗存活,浇水还可以用来稳固土壤。

⑥ 覆土。浇完水之后,在上面覆盖一层泥土,可以让土壤更好保持水分、树苗更好生长。如果有条件,最好铺上草皮,这样可以降低湿度,防止野草生长。

⑦ 固定。因为树苗都比较小,遇到刮风下雨的时候,容易被吹倒,最好用木棍或者竹竿之类的东西插在周围固定树苗,这样树苗就不容易被大风吹倒或吹歪。

⑧ 场地清理。植树完成后对场地及旁边路面泥土等进行清理,确保环境清洁卫生。

4) 勤工有道,俭学有邦

(1) 项目背景。在新时代,勤工助学被赋予新的形式、内涵和任务。勤工助学的核心在于"勤俭"两字,学生要培养"勤"的习惯和"俭"的品格,在学业上勤奋好学,在生活上节俭修身。学生通过参与勤工助学活动来充实自己的生活,来挑战自我,寻找自己的准确定位,使自己能够自立、自强、自贵,真正成为一个对社会、对家庭有用的栋梁之材。勤工助学可以在校内或校外进行,校内勤工助学岗位可以是持续一个学期以上的长期性岗位和寒暑假期间连续性岗位,也可以是通过一次或几次勤工助学活动即完成的临时性岗位。

(2) 项目内容。积极参与学校职能部门和学院专设的行政管理助理、教学助理、科研助理、实验员助理、兼职辅导员、图书管理助理、食堂助理等勤工助学岗位实践,以及校外勤工助学实践活动。

(3) 项目实施。

① 校内勤工助学。根据学校统筹设置的工作岗位,学生在学有余力的情况下自愿申请,各部门根据"扶困优先、竞争上岗"的原则进行选拔。正式开展工作前须接受岗位培训学习,明确职责任务和工作要求。在工作中做到虚心求教、积极主动,根据要求(约定时间和任务安排)尽职尽责完成部门交代的各项任务,把在学校里学到的专业知识充分运用到实践中去,并在实践中不断增长新的知识和才干,不断增强自己的劳动能力。由相关部门对工作情况进行考核评价。勤工助学薪酬按照学校相关规定予以支付。

② 校外勤工助学。学生在校外参加勤工助学活动时需取得学生管理部门的同意,并

与用人单位签订协议,在开展实践活动过程中,要注意人身安全。

二、服务性劳动实践

1. 服务性劳动实践概述

服务性劳动是指直接服务社会的不计报酬的义务劳动,学生在服务性岗位上亲身经历"真实的"服务过程,运用一定的知识和技能去解决"真实的"问题,为社会和他人提供服务。大学生作为服务性劳动的参与者,应该充分发扬劳动精神,在奉献中实现人生价值,获得成就感和愉悦感。通过服务性劳动实践,学生可以培养价值认同和责任担当意识,提升社会参与意识及责任奉献意识,营造服务奉献的良好社会风尚。服务性劳动包括各类志愿服务活动,以及"三支一扶"、大学生志愿服务西部计划、"青年红色筑梦之旅""三下乡"等社会实践活动。

学生志愿服务是指学生不以获得报酬为目的,志愿奉献时间和智力、体力、技能等,帮助他人、服务社会的公益行为。大学生由于长期生活在校园里,生活阅历较浅,缺乏社会实践经验,志愿服务能帮助大学生深入了解社会现实,积累社会经验,增加社会阅历,帮助大学生养成助人为乐的优良品德和坚强的意志品质。志愿服务形式多样,主要有扶贫济困、助老助残、社区服务、生态建设、大型活动、抢险救灾、社会管理等。

"三支一扶"是指大学生在毕业后到农村基层从事支农、支教、支医和扶贫工作。支农指支援乡镇基层的农业生产工作;支教指支援乡镇基层的教育工作,主要从事九年义务教育学段各学科的教育教学工作;支医指支援乡镇基层的医疗卫生事业,主要从事临床诊断、医疗救护、医学检验等工作;扶贫指支援乡镇基层的扶贫工作,主要致力于农村脱贫致富、乡村振兴等工作。"三支一扶"计划的政策依据是《关于组织开展高校毕业生到农村基层从事支教、支农、支医和扶贫工作的通知》,其目的是引导和鼓励高校学生和毕业生到农村基层、到祖国最需要的地方去经受锻炼、健康成长,为促进农村基层教育、农业、卫生、扶贫等社会事业的发展,建设社会主义新农村和构建社会主义和谐社会做出贡献。

大学生志愿服务西部计划简称"西部计划",是由共青团中央、教育部、财政部、人力资源和社会保障部于2003年根据国务院要求联合组织实施的大学生基层就业计划。"西部计划"按照公开招募、自愿报名、组织选拔、集中派遣的方式,每年招募一定数量的普通高等学校应届毕业生,到西部基层开展教育、卫生、农技、扶贫等志愿服务工作。

"青年红色筑梦之旅"活动是2017年第三届中国"互联网+"大学生创新创业大赛的同期实践活动。该活动围绕"青春之歌""红色记忆""筑梦踏实"等不同主题,激励大学生走进革命老区、贫困地区、城乡社区,用专业知识和创新创业成果,为脱贫攻坚、乡村振兴交出一份沉甸甸的青春答卷。

"三下乡"的"三"指"科技、文化、卫生","乡"指中国农村地区。"三下乡"活动内容丰富、形式灵活,包括科技普及、技能推广、文化宣传、义务支教、医疗服务等内容的下乡活动,为基层群众做好事、办实事、解难事,推进农村精神文明建设,满足广大农民的精神文化生活需求,大学生在实践过程中也会得到锻炼。

2. 服务性劳动实践案例

1)"嗨转夕阳,玩具益老"志愿服务

(1)项目背景。"高龄化"已成为全世界共同关注的课题之一。相较于老年人养生、医疗行业的蓬勃发展,老年人娱乐活动形式单一。有研究显示,玩玩具不仅可以使老年人益智健脑,还可以改善他们身体的机能和状况,但老年人玩具市场基本空白。为此,为老年人定制专属玩具,开展"嗨转夕阳,玩具益老"项目,可以进一步拓展老年人娱乐活动形式,锻炼老年人大脑思维能力、动手协调能力,增强老年人的幸福感。

(2)项目内容。主要包括项目可行性调研、设计定制专属玩具、打造常态化可持续的服务模式等。

(3)项目准备。适合老年人的玩具、定制专属玩具相关的材料和配件、制作工具等。

(4)项目实施。

① 项目调研。深入社区广泛收集老年人的信息和兴趣爱好,通过调研发现,大多数老年人是空巢老人,在生活中缺少关怀和陪伴,一些承载着旧时回忆、文化底蕴的玩具能有效帮助老人排解寂寞、愉悦身心。而且大多数老年人存在视力障碍、手部力量不足、患有腿部疾病等现象,导致他们的玩具具有特殊性,需要区别于传统的一些玩具。

② 专属玩具定制。设计制作纪念扇、心锁礼物盒等玩具,其中心锁礼物盒由天然木材制作而成,共有 14 个部件,内部含有两个隐藏空间,可以放入小礼物,让老年人在解开玩具的同时获得意外的惊喜。设计制作能预防颈椎病的手指感应飞机、预防老年痴呆的立体俄罗斯方块、锻炼手部肌肉的平面滚珠和夹珠子、能让四肢得到锻炼的空竹等玩具。其中空竹是靠四肢巧妙配合,由腰的运动带动四肢的运动,双手握杆抖动空竹做各种花样技巧,转腰时重心降低,底盘稳重,身法随空竹的变化而变化,在此过程中老年人的全身都能得到有效的锻炼。

③ 举办玩具比赛活动。老年人在玩感兴趣的玩具时,能够有获得感,在比赛中找到自己的成就感。让老年人老有所学,丰富他们的精神世界。

④ 举办益智游戏活动。安排吹乒乓球、算数夹豆子、套圈赢礼物等益智小游戏,活动有趣、强度适中,增进了老年人的交流;通过设置奖品,提高了老年人参与积极性。

2)家电义务维修志愿服务

(1)项目介绍。目前在家用电器维修领域,对于小型日常家用电器的维修,一直存在维修售后服务体系不健全、维修网点少、维修性价比低等问题，用户一般都是坏了只能扔掉换新的。为此，某专业学生组建学生服务志愿团队利用专业所长，在每年"学雷锋纪念日"或利用节假日，定期深入社区开展家用电器义务维修活动。

(2) 项目内容。开展家用电器义务维修活动，包括电脑、电饭煲、热水壶、豆浆机、扫地机器人、儿童智能玩具、电扇等各类小型电器的维修。

(3) 项目准备。万用表、电焊枪(含松香、焊锡丝)、不同型号螺丝刀、钳子、剥线钳、切割钳、扳手、不同类型电子元器件、电线、绝缘胶带、不同型号螺丝、帐篷、桌子、椅子、宣传横幅等。

(4) 项目实施。

① 义务维修活动方案制定。对接社区工作人员办理相关手续，确定时间安排，确定志愿队成员及分工(宣传组、维修组、后勤组、联络组)，准备相关维修工具、工作台等。

② 现场布置。后勤组负责、其他组配合，搭建帐篷，挂宣传横幅，摆放桌椅，收拾检查维修工具、供电及插座等。

③ 服务开展。宣传组负责对义务维修活动范围、电器使用小常识、用电安全等进行宣传；联络组负责登记居民送来的待修电器、联系人信息、问题故障，并确保电器修好后能及时送到居民家中或通知居民来取；维修组负责送修电器的维修，实时为居民解答故障产生原因以及提醒后续使用过程中应注意的事项。

3) 关注留守儿童，承担青年社会责任

(1) 项目背景。国务院发布的《国务院关于加强农村留守儿童关爱保护工作的意见》中明确提出，加强农村留守儿童关爱保护工作是家庭和全社会的共同责任。四川省南充市的留守儿童数量居四川省首位，柴井乡八一希望小学全校学生近700人，其中留守儿童500余人，占全校学生人数70%以上。"行益西南"志愿队在暑期赴柴井乡八一希望小学校开展实践活动，发挥专业特长，关注留守儿童，承担起青年学子服务社会的责任义务。

(2) 项目内容。捐赠体育器材和运动鞋，构建体育活动体系，指导体育运动，传授正确而系统的性教育知识。

(3) 项目准备。与柴井乡八一希望小学对接，就实践活动时间、内容形式等进行协商；落实体育器材和运动鞋捐赠事宜，制订针对性体育活动体系，制订体育教学活动和性教育教学教案课件等。

(4) 项目实施。

① 捐赠事宜落实。联系相关企业和基金会，落实体育器材和运动鞋的捐赠事宜，并提前快递过去。

② 体育活动体系构建。结合学校场地情况和捐赠的体育器材，构建了以乒乓球、羽

毛球、排球和传统武术为主的教学内容体系,对羽毛球场和乒乓球台进行了修补,重新划界,配备了球网。

③ 体育教学开展。在教学中采用"理论＋实践"的模式,进行乒乓球、羽毛球、排球和传统武术教学,针对每一项运动,首先进行室内理论课的教学,主要包括基本的方法与规则,之后分班进行室外实践课的专项辅导。受炎热天气的影响,体育室外课都安排在清晨和傍晚的凉爽时段。

④ 性教育教学。针对不同年级准备了相应的性教育课程,课程内容包括了解性别、生殖系统、青春期、生殖健康与传染病、防性暴力等,致力于在一个全面而系统的性教育体系中介绍防性暴力的内容,扩展了很多相关知识,帮助学生们更准确地理解性侵害的概念,提高防范性侵害的自我保护能力。在这样一个过程中,给学生们的不仅有生理卫生和保护自己、防范性侵害的知识,还有尊重、平等的意识和开放、包容的心态。

参加此次"行益西南"实践活动的留守儿童全部来自周围乡村,有距离远的要步行1个多小时才能到学校,但是在整个实践过程中,没有一位学生迟到,有一些积极的学生甚至会提前一个半小时到学校。听室内课时他们会积极思考,对室外课更是热情高涨。

4)开展支教团服务

(1)项目背景。中国青年志愿者扶贫接力计划支教团项目是由共青团中央、教育部联合组织实施的青年志愿者扶贫接力计划全国示范项目,旨在将有奉献精神、身心健康的应届本科毕业生或在读研究生输送到国家中西部欠发达地区中小学开展为期一年的支教志愿服务,同时开展力所能及的扶贫服务。开展支教团服务培养了一批知国情、讲奉献、高素质的人才,在广大青年学生中树立了积极参与志愿服务、到祖国最需要的地方去锻炼成长的良好导向。

(2)项目内容。组建支教团,开展不同学科的教学、心理辅导、青春期健康教育和文娱活动等。

(3)项目准备。与支教学校对接,就实践活动时间、内容形式等进行协商;根据团队成员的特长进行分工,做好科目教学备课工作;进行教学技能培训。

(4)项目实施。

① 物资筹集与发放。通过发起募捐活动,筹集相关学生学习和生活用品,如书包、文具、书籍等,到校后发给学生。

② 走访调查。通过实地走访,了解当地教育状况、学生家庭情况、学习水平、学习习惯和存在的困难等,为教学计划实行和教学难度控制提供分析依据。

③ 教学活动。结合学校教学进度,参与课程教学,主动与本校教师交流,根据学生特点认真备课,认真讲好每一堂课。

④ 心理辅导。通过调查发现,当地学生成绩不好的原因很复杂——留守儿童、单亲

家庭、家庭贫困，都有可能影响孩子们的成绩。团队成员逐个走访、了解学生家庭情况，找学生谈心，帮助他们解决实际困难。

⑤青春期健康教育。针对学校留守儿童进行青春期健康、自护教育、礼仪交往等培训，并定期免费发放卫生用品，让他们更有信心地面对每一天，更憧憬未来的美好生活，更有勇气追寻自己的梦想。

⑥文娱活动。开展包括主题合唱、诗词朗诵、英语风采、篮球比赛等校园文化活动，汲取前进力量、启迪智慧、砥砺品格。通过建设广播台、读书角等方式，提高孩子们的学习兴趣，引导他们树立远大理想。

5）加强美丽乡村建设，助力乡村振兴

（1）项目背景。全面建设社会主义现代化国家，既要建设繁华的城市，也要建设繁荣的农村。"生产发展、生活宽裕、乡风文明、村容整洁、管理民主"，这是建设社会主义新农村的具体要求。为弘扬"奉献、友爱、互助、进步"的青年大学生志愿精神，以及增强新时代大学生回报社会服务社会的崇高社会责任感，某专业暑期实践队多年来持续开展以艺术设计助力美丽乡村建设为主题的"三下乡"社会实践活动。

（2）项目内容。基于"三下乡"社会实践活动，开展美丽乡村、党建主题墙绘和爱心艺术支教活动。

（3）项目准备。与实践乡镇对接，就实践活动时间、内容形式等进行协商；根据团队成员的特长进行分工，准备彩绘工具和原料。

（4）项目实施。

①通山县大畈镇"三下乡"社会实践活动。抵达实践地后，队员们每天早上五点半起床开始一天的墙绘工作，墙壁多数有四层楼高，队员们克服自己的恐惧，顶着烈日，高空作画。自活动开展以来的十余天里，"初芒"队员们分别在西泉村、鹿眠塘村、板桥村、长滩村等进行了以"永远跟党走""党在我心中""中国梦""乡村振兴"等多个主题的墙绘活动。在社会实践中，队员们绘制了 400 余平方米的墙绘，志愿服务时长累计 2160 小时。在实践期间，队员们来到长滩小学进行爱心艺术支教，包括彩铅画、装饰画、动物保护等课程，目的是培养小学生热爱艺术，从生活中发现美，开阔眼界，形成积极向上、勇于实践的品质。负责新媒体宣传的同学为了加强美丽乡村的建设、提高通山县的知名度，除了完成墙绘工作，还满足通山县的部分宣传需求，用大家喜闻乐见的方式推动公众号运营，留下了二十余篇宣传报道及微信推文。

②宜昌市点军区落步埫村"三下乡"社会实践活动。大家通过共同努力，完成了墙绘设计，从当地特色入手，以山为基调，结合产业特色，展现落步埫村风貌，融入村规民约、村情简介、所获荣誉、村庄地图。面对 6 米高、60 米长、近 400 平方米的大墙，墙绘还是面临着很多挑战，但是大家并没有退缩，而是共同努力完成这个考验。整整 12 天，迎着清晨五点的朝阳而来，披星戴月而归，在室外三十多摄氏度的高温下，顶着烈日在三层楼高

的脚手架上绘画,黄豆大小的汗珠从额头划过,汗水湿透了衣裤,烈日晒黑了面颊,但这丝毫没有影响大家稳稳握住手中的画笔和调色盘。终于,一面近400平方米的大墙变成了"会说话"的画卷,路过的村民和游客纷纷驻足观看,并给予高度评价。在进行墙绘的同时,美育支教活动也没有停止,开设了书法课、绘画课、党史小故事课程等,充分发挥专业知识,服务大众,同时引导青少年学党史、感党恩。在党史小故事课程中,在进行一系列故事讲解后,孩子们纷纷在纸片上写下了自己的感想,并励志向故事中的主人公学习。在绘画课中,孩子们利用画笔在纸上画出绚丽多彩的童梦。(图7.1)

图 7.1 墙绘

第二节 新工科劳动实践

一、新工科劳动实践概述

深入实施创新驱动发展、制造强国、"互联网+"等重大战略,推动大众创业、万众创新,支撑服务产业转型升级和经济发展动能转换,适应以新技术、新产品、新业态和新模式为特点的新经济,迫切需要深化工程教育改革。新工科正是基于国家战略发展新需求、国际竞争新形势、立德树人新要求而提出的我国工程教育改革方向。新工科的内涵是以立德树人为引领,以应对变化、塑造未来为建设理念,以继承与创新、交叉与融合、协调与共享为主要途径,培养未来多元化、创新型卓越工程人才。新工科人才培养过程,更加注重与产业和技术发展的最新成果的融合,更加注重培养学生的工匠精神、创新意识和实践能力。

伴随科技的迅猛发展,人类劳动对智能技术、数字环境和信息系统的依赖不断加深,尤其是在以智能制造、人工智能为核心的工业4.0时代,劳动形态的旧格局发生了巨大变化,"数字化劳动"开启了智能劳动、虚拟劳动、远程劳动、无人化机器劳动等新形态。新形态劳动的主要特征为劳动场景"数字化"、劳动工具"信息化"、劳动手段"智能化"和劳动指向"创造化"。因此,如何在新工科背景下构建劳动教育实践体系并有效发挥其独特育人价值,培养更多具有现代劳动技能、创新能力和综合素养的高素质劳动者,成为高校新工科建设和人才培养的一个焦点问题。

2020年,《中共中央 国务院关于全面加强新时代大中小学劳动教育的意见》指出,高等学校要重视新知识、新技术、新工艺、新方法应用,创造性地解决实际问题,使学生增强诚实劳动意识。新工科建设发展促进了高校工程实训、专业实习实训中网络信息、虚拟仿真、人工智能等技术的融入,例如,利用增强现实/混合现实/虚拟现实(AR/MR/VR)技术打造虚拟工厂,实现沉浸式、交互式的劳育实践设计;利用激光扫描设备、增材制造设备等先进设备,"像素级"还原电影中的科幻场景,激发学生对新技术的求知欲;搭建综合性、交叉学科的创梦工厂,为学生实践梦想、创新创业搭建平台。学生通过在项目实践中的思考、实践,达到"润物细无声"的劳育目标。

二、新工科劳动实践案例

1)马扎制作项目

(1)项目介绍。马扎也称马闸、交杌、交缠或交椅,其模样同我们今天见到的小凳子相似,马扎由"胡床"演变而来。马扎属于中国传统手工工艺制品。学生通过学习操作数控车床加工马扎腿、脚踩电动缝纫机加工马扎面,制作装配一个属于自己的马扎。马扎简单方便,既可以在宿舍洗衣服时使用,又可以在外出露营钓鱼时使用。

(2)项目内容。利用数控车床、缝纫、钳工等工艺完成马扎的制作。

(3)项目准备。无缝钢管4个(ϕ16 mm×340 mm)、无缝钢管2个(ϕ16 mm×250 mm)、螺纹杆1个(M6 290 mm)、球头螺母2个(M6)、脚套4个(孔径16 mm)、帆布带5个(36 mm×350 mm)、直角弯头4个(G3/8)。

(4)项目实施。

工序一:编制螺纹加工程序,操作数控车床加工无缝钢管的螺纹。(图7.2)

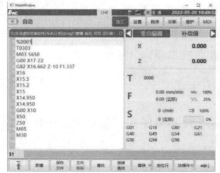

图7.2 马扎制作工序一

工序二：利用缝纫机完成帆布带的裁剪和缝制。(图7.3)

图7.3 马扎制作工序二

工序三：按照图纸尺寸，利用钻铣床完成无缝钢管钻孔。(图7.4)

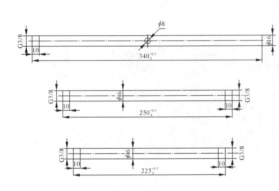

图7.4 马扎制作工序三

工序四：利用制作好的帆布带、无缝钢管及配套件按照装配图纸完成马扎的装配。(图7.5)

图7.5 马扎制作工序四

2) 拇指琴制作项目

(1) 项目介绍。拇指琴又叫卡林巴琴,是非洲具有民族特色的一种乐器,它因演奏时用拇指拨动琴体上的薄片而得名。拇指琴因其声音空灵、清脆,琴身小巧便携越来越受到大家的喜爱。学生通过操作激光加工设备,以及划线笔、手锯、锉刀、台钻等工具,自主设计并制作属于自己的拇指琴。

(2) 项目内容。利用激光加工、钳工等工艺完成拇指琴的制作。

(3) 项目准备。黄铜棒 1 个($\phi 4$ mm×65 mm)、黄铜棒 1 个($\phi 4$ mm×55 mm)、黄铜棒 1 个($\phi 4$ mm×7.5 mm)、尼龙垫片 2 个(M4)、螺母 2 个(M4)、沉头螺钉 42 个(M4)、亚克力板 1 个(200 mm×200 mm×10 mm)、镜面不锈钢板 1 个(100 mm×100 mm×1.5 mm)。

(4) 项目实施。

工序一:使用划线笔、手锯和锉刀完成上下琴枕、震动压条的划线、切割和修整。(图 7.6)

图 7.6 拇指琴制作工序一

工序二:使用钻床完成震动压条上孔的钻削加工,使用金属激光切割机及激光打标机完成琴键的切割及音符的标刻。(图 7.7)

图 7.7 拇指琴制作工序二

工序三:使用非金属激光切割机完成琴板部分的切割加工。(图 7.8)

图 7.8 拇指琴制作工序三

工序四:使用螺丝刀、扳手等工具完成拇指琴各部件的装配。(图 7.9)

图 7.9 拇指琴制作工序四

工序五:使用调音器完成拇指琴的调音工作,使琴键能正确发音。(图 7.10)

图 7.10 拇指琴制作工序五

3)鞋架制作项目

(1)项目介绍。鞋架不仅能解决鞋子收纳问题,还能节省空间、保护鞋子,是学生宿舍必备之物。鞋架制作课程包括设计、支座制作、支撑用圆管制作、防尘隔层布制作和装配5个部分。

（2）项目内容。使用钳工、缝纫机、数控车床完成鞋架的制作,利用数控车床制作可调支座,使用手锯和锉刀完成支撑用圆管的切割和修整,使用缝纫机完成防尘隔层布的加工,并将它们装配成鞋架。

（3）项目准备。空心铝合金管 5 m(ϕ12 mm)、210D 牛津防水布 0.5 m^2(幅宽 1.5 m)、鞋架接头配件三通(四孔)8 件(内径 12 mm)、鞋架接头配件直三通 4 件(内径 12 mm)、可调脚 4 件(M6)、铝合金棒 0.2 m(ϕ25 mm)。

（4）项目实施。

工序一:项目设计,学生根据自己的需求及提供的材料完成鞋架尺寸、层数和支座外形的设计,编写数控车床程序。

工序二:利用数控车床加工鞋架支座外形和中心孔,使用自动攻丝机完成螺纹加工,并与三通进行试套,确保装配顺畅。(图 7.11)

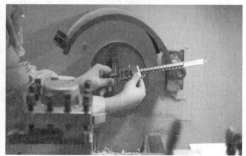

图 7.11 鞋架制作工序二

工序三:使用钳工技术制作支撑用圆管,检测圆管尺寸,避免圆管长短不一影响装配。(图 7.12)

图 7.12 鞋架制作工序三

工序四:裁剪布料并进行缝纫,完成防尘隔层布的制作。(图 7.13)

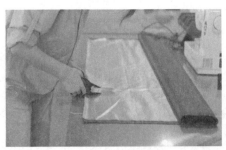 

图 7.13　鞋架制作工序四

工序五:将圆管穿入直三通和三通(四孔)中组成鞋架的支撑结构,然后套入防尘隔层布,安装支座,进行最后的装配。(图 7.14)

图 7.14　鞋架制作工序五

4)创意笔筒的设计与制作项目

(1)项目介绍。激光被称为"最快的刀""最准的尺""最亮的光",具有定向发光、亮度极高、颜色极纯、能量极大等特性。学生通过本项目可感受激光的工业魅力,通过动手实践设计具有个人创意的笔筒,可感受到激光加工的便捷、团队合作的力量。

(2)项目内容。采用激光切割机、激光焊接机加工金属材料,了解激光加工的工艺原理和应用,学会综合使用激光切割机、激光打标机、激光焊接机完成创意笔筒的制作。

(3)项目准备。不锈钢薄板 1 张/人(100 mm×200 mm×0.2 mm)、不锈钢薄板 1 张/2 人(264 mm×140 mm×0.2 mm)、亚克力板 1 张/40 人(600 mm×1200 mm×5 mm)、橡胶密封条 1 米/人(彩色,可配合 0.1~1.5 mm 范围内板材使用)、金属名片 2 片/人(86 mm×52 mm×0.2 mm)、热熔胶棒 1 根/40 人(直径 11 mm)。

(4)项目实施。

工序一:选取合适的图片,利用激光打标机加工收纳盒盒盖,设计笔筒和收纳盒盒体

的镂空图案,利用激光切割机完成切割加工。(图7.15)

图7.15　创意笔筒的设计与制作工序一

工序二:利用卷板机完成笔筒的筒身造型和收纳盒盒体折弯。(图7.16)

图7.16　创意笔筒的设计与制作工序二

工序三:利用激光焊接机完成笔筒和收纳盒盒体的焊接,装配收纳盒盒体和盒盖。(图7.17)

 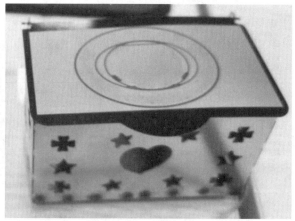

图7.17　创意笔筒的设计与制作工序三

工序四：利用热熔胶封条将收纳盒和笔筒与基座黏在一起，完成作品制作。（图7.18）

图 7.18　创意笔筒的设计与制作工序四

5）个性化电路穿戴物制作项目

(1) 项目介绍。随着现代可穿戴技术的应用，现在的穿戴物也越来越现代化和智能化。本项目就是将电路制作工艺与穿戴情结融合，实现个性化穿戴定义。学生通过学习电路软件设计个性化载体电路、操作液态金属打印机制作柔性电路板，并通过热压的方式将电路与穿戴物结合，手工制作一个属于自己的独特的穿戴物，制作完成的穿戴物既实用又个性十足。通过本项目，学生可以了解基于液态金属打印技术制作柔性电路板的工艺原理、流程、特点和应用。

(2) 项目内容。选择个性化图案并设计电路，使用液态金属打印机制作柔性电路板，使用贴装、烫画打印热压的工艺制作个性化电路穿戴物。

(3) 项目准备。柔性基材(A4)、贴片式发光二极管(LED)20 个(0805 七彩)、电池座 1 个(3 V 扁形翻盖带开关)、纽扣电池 1 个(CR2032)、热熔胶膜 1 个(A4)、热转印纸 1 个(A4)、包边胶水 1 个(B7000 透明 50 mL)、穿戴物 1 个、液态金属盒 1 个(带勾线笔)、液态金属浸镀液 1 份(带缓冲液)。

(4) 项目实施。

工序一：选择需要热转印打印的图样，处理图片尺寸及转换成.dxf 格式的矢量图文件。按照电路图纸完成印制电路板(PCB)的设计，并导出得到加工文件。(图 7.19)

工序二：利用液态金属打印机制作柔性电路板，控制在图纸尺寸范围。(图 7.20)

图 7.19　个性化电路穿戴物制作工序一

图 7.20　个性化电路穿戴物制作工序二

工序三：按照图纸完成 LED 元器件的贴装，并用万用表进行电路检测，直至电路导通合格。（图 7.21）

图 7.21　个性化电路穿戴物制作工序三

工序四：安装电池并接通电源调试完成柔性电路制作。（图 7.22）

图 7.22　个性化电路穿戴物制作工序四

工序五:打印图样,操作热压机将图样及柔性电路转印至穿戴物上;通过手工粘贴或缝制,剪裁完成穿戴物制作。(图 7.23)

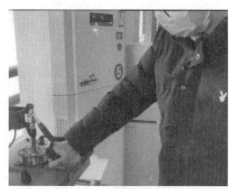

图 7.23　个性化电路穿戴物制作工序五

6) 解密工业机器人项目

(1) 项目介绍。工业机器人是广泛应用于工业领域的多关节机械手或多自由度的机械装置,具有一定的自动性,可依靠自身的动力能源和控制能力实现各种工业加工制造功能。一般来说,工业机器人由三大部分六个子系统组成。三大部分是机械部分、传感部分和控制部分。六个子系统可分为机械结构系统、驱动系统、感知系统、机器人-环境交互系统、人机交互系统和控制系统。

(2) 项目内容。了解工业机器人的结构组成和工作原理,学会使用常见拆装工具完成一台关节机器人的装配。根据工业机器人的结构组成和装配工艺,设计拆装工序,使用常见拆装工具完成关节机器人的组装,并完成机器人关节运动等简单操作。

(3) 项目准备。工业机器人装调平台 8 台(HSR612)、工业机器人核心零部件认知平台 1 台。

(4) 项目实施。

工序一：认识工业机器人的结构，了解工业机器人的工作原理；练习常见拆装工具的使用。（图7.24）

图7.24　解密工业机器人工序一

工序二：练习工业机器人常用气压传动装配、线束连接装配操作；设计关节机器人拆装工序。（图7.25）

图7.25　解密工业机器人工序二

工序三：拆卸关节机器人。（图7.26）

图7.26　解密工业机器人工序三

工序四：装配关节机器人。(图 7.27)

图 7.27　解密工业机器人工序四

工序五：运行关节机器人。(图 7.28)

图 7.28　解密工业机器人工序五

7) 平衡笔制作项目

(1) 项目介绍。20 世纪 20 年代，犀飞利钢笔公司发布了平衡钢笔，这款令人惊叹的新概念笔在几乎没有任何事先宣传的情况下问世，但它却在市场上掀起了风暴，颠覆了制笔行业几十年里都没有能够突破的那种保守的、平头的钢笔形式。从核心的书写功能角度来看，犀飞利平衡笔的关键属性是本身后部进行了延伸，并逐渐变细成为锥形的尾部，这种形状可以让使用者不把笔帽套在笔杆后端，就可以舒服地书写，从而提供所需的长度和平衡。

(2) 项目内容。了解平衡笔的制作工艺和方法，综合使用多轴加工中心、数控车床等完成平衡笔的制作。

（3）项目准备。铝合金棒 1 个（ϕ25 mm×250 mm）、铝合金棒 1 个（ϕ40 mm×80 mm）、永恒笔头 1 个（M5）。

（4）项目实施。

工序一：调用程序使用加工中心加工笔尖部螺纹底孔。（图 7.29）

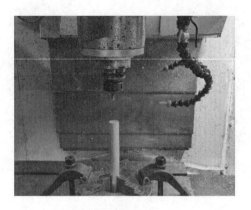

图 7.29　平衡笔制作工序一

工序二：利用给定参考点绘制平衡笔模型，并设计手指凹孔。（图 7.30）

图 7.30　平衡笔制作工序二

工序三：在模型中计算出平衡笔重心坐标，设计支撑点；利用计算机辅助制造（CAM）软件编制加工程序。（图 7.31）

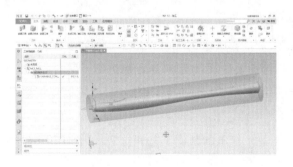

图 7.31　平衡笔制作工序三

工序四：使用加工中心对刀，加工笔身。（图7.32）

图7.32 平衡笔制作工序四

工序五：锯削，攻丝，打磨去毛刺。（图7.33）

图7.33 平衡笔制作工序五

工序六：装配笔头，调整笔身平衡。
工序七：制作支架。（图7.34）

图7.34 平衡笔制作工序七

8）3D打印创意制作项目

（1）项目介绍。3D打印技术是快速成型技术的一种。它是以数字模型文件为基础，运用粉末状金属或塑料等可黏合材料，通过逐层打印的方式来构造物体的技术。该技术在珠宝、鞋类、工业设计、建筑、汽车、航空航天、医疗等领域都有所应用。

（2）项目内容。根据3D打印产品制作流程，创意设计3D模型，操作3D打印分层软件，设置工艺参数，生成加工程序，并操作3D打印机完成产品制作，最后用钳子、锉刀及丙烯颜料等对产品进行后处理。

（3）项目准备。3D打印机40台（闪铸Finder）、后处理工具5把（斜口钳、锉刀）、上色工具1套（丙烯颜料）。

（4）项目实施。

工序一：了解3D打印基本原理及产品制作流程，认识3D打印机的基本构成。（图7.35）

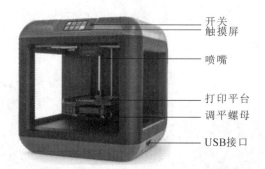

图7.35　3D打印创意制作工序一

工序二：选取模型库中的模型进行操作打印；利用计算机辅助设计（CAD）软件进行3D模型创意设计。

工序三：操作3D打印分层软件，设置工艺参数，生成加工程序。（图7.36）

图7.36　3D打印创意制作工序三

工序四：操作3D打印机完成产品制作。（图7.37）

图7.37　3D打印创意制作工序四

工序五：清理产品毛刺，给产品进行上色等后处理。（图7.38）

图7.38　3D打印创意制作工序五

第三节　新文科劳动实践

一、新文科劳动实践概述

当今世界正处于大发展、大变革、大调整时期，国际形势风云激荡，新一轮科技革命和产业变革正在重构人类的生产方式、生活方式和价值理念，人类在享有发展红利的同时也面临着个人信仰迷失、道德价值误判等方面的挑战,新时代、新形势呼唤高等文科教育的创新发展。我们正处在实现"两个一百年"奋斗目标、实现中华民族伟大复兴的重要时间节点上。实现中华民族伟大复兴,关键在人。高等教育作为培养青年人自信心、自豪感、自主性的主战场、主阵地和主渠道,坚持以文化人、以文培元,大力培养具有国际视野和国际竞争力的时代新人。

新文科正是应对这种时代挑战,以全球新一轮科技革命、新经济发展、中国特色社会主义进入新时代为背景,突破传统文科思维模式的产物,是文科教育的创新发展。"新文科"这一概念是相对于传统文科而言的,它不是简单的对传统文科的否定和彻底颠覆,而是在传统文科基础上的拓展和深化。新文科建设的任务是打破学科之间长久以来的隔阂,对不同学科进行融合重组与跨越交叉,如文科与理工农医交叉融合,实现跨学科、跨领域教学,同时将现代科学技术运用到教育与学习之中,从而全面提高文科教育质量。

新文科劳动实践将新文科教育与劳动教育相结合,不断丰富劳动教育的价值意蕴和实践内涵,实现文史哲促人修身铸魂、经管法助力治国理政、教育学培元育才、艺术学美人化人。新文科劳动实践类型非常丰富,不仅涉及文、史、哲、经、管、法、教、艺这八个学科门类的劳动实践,还包括文科与理工农医交叉融合类型的劳动实践。

二、新文科劳动实践案例

1) 数商兴农,助力乡村振兴

(1)项目介绍。湖北省十堰市郧阳区青龙泉社区是三峡库区移民最大异地搬迁集中安置点,安居容易兴业难,在当地政府扶持下,该社区形成以种植香菇为主的产业链,但是普遍存在品控低、销路窄、发展难的问题。为此,某大学经济与管理学院组建了"三生郧阳"项目团队,数商兴农,助力当地香菇产业发展。

(2)项目内容。"三生郧阳"项目团队依托专业所学,探索以技术提高品质、以品牌吸引流量、以电商助力销售的乡村振兴方案。

(3)项目实施。

"三生郧阳"项目团队走访调研了 20 余个乡镇、30 余家企业、354 个易地安置点,经实地考察、基地探访等方式,了解到乡村农业发展普遍存在品控低、销路窄、发展难的问题。

香菇智能分拣技术助力香菇分类提质。"一种香菇自动分拣装置",可智能分选大小香菇,完整、碎屑香菇等不同香菇产品,高精图像处理设备与视觉分拣技术使装置识别精度达 98%,产量达 200 千克/小时。

深挖郧阳文化,创"三生郧阳"农业区域品牌。融合荆楚凤凰文化、几何图形以及香菇花纹,创新设计产品包装。设计3款武林系列IP形象,依托武当山名号,推广"三生郧阳"品牌。

团队利用数商浪潮解决香菇销路不畅问题,形成"1+2+3"农村电商方案,帮助当地产品打开线上销路。1种电商模式:利用新媒体平台助力农产品销售,2020年团队帮助郧阳香菇连麦央视直播,出场7分钟销售额达55万元。2级运营方式:团队帮助当地孵化出10个乡土团队媒体账号,并根据不同产品的用户定位,分层运营。直播时,利用数据驱动,分析账户数据及话术价值转化,针对流量变化制定不同推广营销方案,提高电商运营效果。3地联合培训:团队联合校、企、地搭建直播基地,开展全方位电商培训课程,从课程教学到实地经验培训,着力培养懂运营、会销售的新农人才,将数商兴农之路走深走实。

项目实施以来,涌现多位创业之星,吸引大批返乡青年。累计间接带动就业3.5万人,户均增收1.8万元,易迁人群生活得到极大改善,振兴取得显著成效。重点孵化地——龙韵村,经团队分类培训,在"两优一先"表彰大会上,脱颖而出被授予"全国先进基层党组织"称号。(图7.39)

图 7.39 数商兴农,助力乡村振兴

2)设计赋能,助力汉绣产业发展

(1)项目介绍。汉绣是中国十大名绣之一,是国家级非物质文化遗产,是湖北荆州、武汉一带极为重要的传统手工技艺。湖北大悟县有良好刺绣基础,但是文化品牌缺乏,设计能力不足。为此,某学院组建汉绣志愿服务团队,以"设计引领,技艺振兴"为宗旨,赋能汉绣及衍生产业发展。

(2)项目内容。开展大悟刺绣文化系统化研究,创建大悟本土刺绣文化品牌,开展留守妇女汉绣技能培训、网红绣娘自媒体运营培训,推广汉绣文化,助推留守妈妈就业增收。

(3)项目实施。

① 设计赋能。项目团队通过大悟本土绣片样本征集,田野调查,溯源民间汉绣文化形态,完成了 700 余件绣片的影像采样,300 余件有拓展价值绣片的数字化修复,实现了大悟民间刺绣形态的激活,为其活态传承、再生设计到产业化和可持续发展提供有力支持。通过开展此类工作提升大悟乡村女性的自我价值认同,构建健康的乡村文化发展生态,增强乡村文化自信。

② 品牌建设。2020 年大悟创立了本土刺绣文化品牌"绣·悟",完成了商标的注册。推出"妈妈回家""妈妈陪伴""绣·悟 2020""绣·悟 2021"等系列产品,为大悟汉绣产业的可持续高质量发展助力。

③ 商业支持。建立松散型汉绣助力公益平台,采取对乡村留守妇女进行汉绣技艺传授、智力扶持、产品回购等系列措施,促进多渠道就业、创业。借助电商平台进行线上线下产品输出。积极参与对外礼品打造,对接各级政府资源平台,寻求支持并进行推广,助推留守妈妈就业增收。(图 7.40)

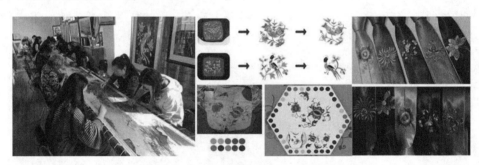

图 7.40　设计赋能,助力汉绣产业发展

3) 一乡一品,打造特色产品助农扶贫

(1) 项目介绍。宁夏回族自治区某生态移民村,2017 年以来基本实现脱贫,但仍需继续推进公益扶贫项目深度发展,加快脱贫致富步伐。"一乡一品"服务团队多年来利用产品设计专业优势和所学,深入贫困地区,参与精准扶贫、乡村振兴公益项目活动。

(2) 项目内容。结合该村特色产品和人文环境,打造乡村文创品牌,推动乡村振兴。

(3) 项目实施。

① 特色产品挖掘与打造。该村有大量沙质细腻均匀的沙子和特产八宝茶,团队以此为特色,将八宝茶进行重新包装与打造,选定八宝茶专用玻璃茶碗套装作为特色文创产品,既体现了当地特色,又可以将其作为旅游文创产品推广出去。(图 7.41)

② 文创产品展示。设计方案结合鸣沙水土、鸣沙饮食、鸣沙印象进行。礼品的碗盖部分内置一个沙漏,选用当地的细沙,利用沙漏不同的流速来控制时长,沙子流完的时间配合八宝茶泡茶时间,在冲泡茶包时盖上碗盖,流沙计时开始,沙子停止流动时茶品为最

图 7.41 特色产品挖掘与打造

佳饮用状态。包装整体采用深色处理,搭配简单图案来丰富整个包装,小图案灵感来源于八宝茶本身素材的八种成分,在装饰和美化包装的同时也帮助消费者了解八宝茶的构成成分。(图 7.42)

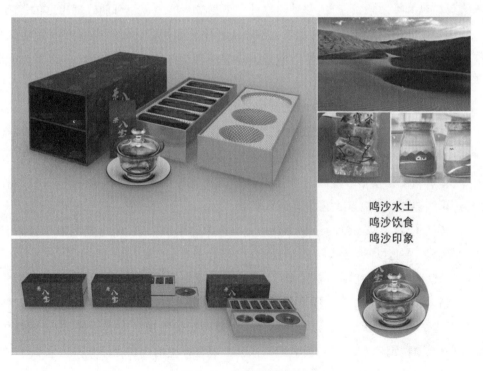

图 7.42 文创产品展示

4)法律援助志愿服务

(1)项目介绍。依托法学人才培养基地、基层法治研究所、法学实验教学中心等实践阵地,通过开展普法宣传、法律咨询志愿服务、无偿法律援助等,积极构建教学、实践和服务三位一体的劳动实践模式,为法科学子开展专业劳动实践提供平台。

(2)项目内容。在专业劳动实践过程中,法学专业教授、资深律师、资深法官进行联合指导,进行一对一指导、一对二的督导和文书批阅,保障了法律援助的质量。通过这种沉浸式、体验式专业劳动实践,学生的责任心、公益心、勇于担当的精神都能得到显著提升,实现集价值培养、知识传授和技能训练于一体的法学专业劳动教育目标。

(3)项目实施。

招募法学专业大二学生,通过笔试、面试选拔掌握法学基本理论、具备团结合作素质、性格开朗的志愿者;通过考核看志愿者是否能够应对各种当事人、是否掌握了专业法律文书写作格式和规范、是否能够基于真实案件进行法律条文检索和类案检索、是否能够基于证据进行案件事实认定。考核合格,才能成为法律援助中心的正式志愿者。

通过集中讲授、师徒制、督导制、个别培训制、自我评估制等方式开展有关法律职业技能培训,提升志愿者接待当事人技能、案例讨论能力、文书写作能力、解答咨询的能力、各种法律文献和类案检索能力、基础的取证和证据分析能力以及可能代理出庭的能力。

以法学专业志愿服务组织为依托,组织志愿者走进社区、园区、学校开展普法宣传、防诈骗宣讲等志愿服务活动;免费为弱势困难群体提供法律咨询、代拟法律文书、代理出庭等法律援助活动。

5)新闻传播专业网络直播实践项目

(1)项目介绍。在"新文科"背景下,高校传媒类专业积极建设以能力产出为导向的应用型课程体系,培养具有学科交叉融合背景、实践能力强、综合素质高的传媒人才。通过专业实践,帮助学生把自身的专业知识和专业技能转化为适应媒体传播、节目制作的实践能力,培养"一专多能"的融媒体时代传媒人才。

(2)项目内容。开展新闻专业学生采写编评策、"两微一端"采编播技术以及视频编辑、H5编辑等专业技能实践,提升适应媒体传播和节目制作的实践能力。

(3)项目实施。组建师生直播团队;搭建直播设备系统;做好使用技能培训;做好项目对接与直播流程策划。直播团队师生发挥专业特长,在校内开展网络直播策划活动。本项目促进了高校劳动实践育人与融媒体时代新闻媒体发展需求的衔接,为新闻媒体融合发展提供人才支持,加强了高校学生在社会发展建设中的内在责任和担当意识。

6)校园植物"名片"制作实践项目

(1)项目介绍。开展集科普、美育为一体的量身定做校园植物"名片"活动,让学生将自然观察、艺术创作与手工劳动联系在一起,真实体验劳动的美感和创造性,在潜移默化中将尊重劳动、热爱劳动,以自己的劳动创造美和价值的理念植根于内心。

(2) 项目内容。结合艺术类教师的美育特长及以视觉艺术进行植物科普的优势,带领喜欢植物、有一定手绘基础的学生,对校园植物进行观察、调研,以手绘与文字为载体,用手工制作的方式为校园植物量身定做"名片"。

(3) 项目实施。

① 校园植物实地调查,讨论"名片"内容与形式。(图 7.43)

采集　　　　　　　　　　研究　　　　　　　　　　讨论

图 7.43　校园植物实地调查

② 植物观察与手绘和设计制作植物"名片"。(图 7.44)

 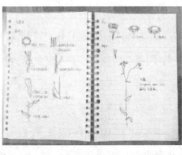  

观察植物　　　　　记录　　　　　线稿　　　　　上色

图 7.44　植物观察与手绘和设计制作植物"名片"

7) 语言赋能,助力红色教育

(1) 项目介绍。武汉革命博物馆以"我在红巷讲党史"为主题,充分发挥外国语学院语言专业学子"英汉双强"能力和跨文化思辨能力,丰富红色教育宣传形式,提升红色教育宣传效果。

(2) 项目内容。参加当地"沉浸式"思政课活动、"我是红巷讲解员"活动、"小小讲解员手拉手"活动等。

(3) 项目实施。

① 前期调研。项目团队通过实地走访,全面了解了武汉革命博物馆开展的系列红色教育宣传活动以及面临的资源短缺等情况,也深知该馆急需语言专业学子的助力等需求。经过沟通,团队拟参与该馆红色教育宣传团队,助力该馆形成大-中-小学子一体讲解员综合团队。

② 校友示范。由在该馆工作的校友亲自示范,向团队展示了中英文党史讲解、红色故事讲解等系列品牌活动,团队直观感受到了党史讲解的感染力与效果,为后期选拔及实地工作打下了良好的基础。

③ 多元活动。开展"沉浸式"思政课、新老党员搭档讲党史、中英文红色故事大讲坛等活动,助力该馆红色教育宣传。

8) 社会调查,为新能源汽车发展建言

(1) 项目介绍。针对社会热点,开展社会调查实践,对于高校文科学生的综合素质与能力提升具有重要作用,让学生近距离感知社会,增强适应社会的能力。新能源汽车作为一种环保节能的交通工具,越来越受到人们的关注和青睐。但其发展也存在系列问题,如新能源汽车企业发展不均衡、社会对其安全有顾虑等。

(2) 项目内容。参观新能源汽车生产厂家、新能源汽车销售点、新能源汽车充电站,通过线上线下相结合方式进行调查,经统计分析后形成实践调查报告。

(3) 项目实施。

① 前期培训。在进行社会调查之前,做好前期准备工作,如联系参观的生产厂家、新能源汽车销售点、新能源汽车充电站,设计调查问卷;学习一定的调查技巧。

② 参观新能源汽车生产厂家。通过参观,了解新能源汽车生产过程和技术要求,感受新能源汽车生产技术的快速发展以及绿色环保设计理念。

③ 参观新能源汽车销售点。参观几种不同品牌的新能源汽车 4S 店,通过销售人员对各种新能源汽车的介绍,收集新能源汽车性能特点、优势、价格和售后等方面的信息,体验新能源汽车驾驶或乘坐的感受。

④ 参观新能源汽车充电站。通过工作人员的介绍,了解新能源汽车充电设备和特点、充电方式、充电时间等方面的信息。

⑤ 调查研究。充分借助互联网了解、收集新能源汽车行业发展、性能优势、存在问题等信息资料。开展问卷调查,深入社区对新能源汽车的认同度、驾驶体验度、存在问题等进行调研。

⑥ 调查报告撰写与反馈。汇总分析数据,撰写调查报告,并及时反馈给所参观的新能源汽车生产厂家,为产业发展尽微薄建言之力。

第四节　新农科劳动实践

一、新农科劳动实践概述

党的二十大报告提出,全面建设社会主义现代化国家,最艰巨最繁重的任务仍然在农村。《教育部办公厅等四部门关于加快新农科建设推进高等农林教育创新发展的意见》提出,要全面加强知农爱农教育,加快新农科建设,大力推进农林类紧缺专业人才培养,推进高等农林教育创新发展,更好地支撑服务农业强国建设。新农科建设不仅包括新的农科专业,还有对原先农科专业的新要求,新农科建设要把握现代农业产业结构调整的特征,要结合"三农"建设的新需求,充分发挥专业设置对人才培养的重要性,推动新农科人才培养转型升级,将现代生物技术、信息技术、工程技术等现代科学技术与新农科有机结合,以此确保涉农专业始终具有时代性和远见性。

新农科人才培养要面向世界科技发展最前沿,面向新农业、新乡村、新农民、新生态,对接粮食安全、生态文明、智慧农业、营养与健康、乡村发展等重点领域的紧缺专业,对接农村一二三产业融合发展新要求,着力提升学生综合实践能力,培养一批多学科背景、高素质的复合应用型农林人才。

因此,新农科劳动实践教育作为培养未来农科新型人才的重要途径,应突破传统农科劳动实践教育,积极将现代生物技术、信息技术、工程技术等现代科学技术与新农科有机结合,比如从传统农作物耕种管收的参与到现代化机械化实践、绿色生态农业体验与实践等。开展新农科劳动实践,使学生更好地理解和认识农业劳动的重要性,培养深入实际、深入基层、深入田间的劳动观念,为未来的职业发展奠定坚实的基础,为国家培育新时代知农爱农新型农业人才。

二、新农科劳动实践案例

1) 无人机飞进稻田助力乡村振兴

(1) 项目介绍。随着城镇化的发展,农村劳力不足问题日益凸显,运用现代信息通信技术助推智慧农业快速发展成为必然趋势。植保无人机在农林植物保护上的应用逐渐得到人们的关注。某大学计算机专业的学生志愿服务团队利用专业所学,深入基层调研,运用无人机技术开展科技服务实践。

(2)项目内容。运用所学专业开发无人机,为水稻基地提供了无人机喷药服务,向广大农户推广智慧农业技术,助力智慧农业发展。

(3)项目实施。

结合水稻基地无人机喷药服务要求,在原有无人机飞行平台基础上加装喷药机构,对导航飞控进行调试。

在某水稻基地,提供植保无人机喷药服务。该基地种了将近1500亩水稻,病虫害的防治需求非常大,特别是对一些新的植保技术十分期待。根据水稻田发生的病虫害,团队配制了相应的药剂,由持有无人机飞行执照的同学操作植保无人机,在离农田2米左右的低空匀速飞行,机身下不断侧喷出圆环状的白色药雾。半小时后,无人机就完成了对60多亩水稻田的农药喷洒作业,大大提高了喷药效率,同时与人工作业相比,无人机作业不需要反复进出稻田,不仅不会损坏秧苗,还能有效避免病虫害的交叉传染。(图7.45)

图7.45 无人机飞进稻田助力乡村振兴

2)高效艾草脱叶机助力蕲春艾叶产业

(1)项目介绍。湖北蕲春因李时珍和蕲艾而闻名。艾叶广泛应用在艾灸养生、药物理疗、熏蒸消毒、生态食品等领域,艾叶相关产品市场需求变得越来越大,传统的人工脱叶方式已无法满足需求,急需适配自动脱叶设备来提高生产效率。

(2)项目内容。将智能制造技术引入艾叶生产加工过程,开发艾草自动脱叶设备,摒弃传统人工脱叶方式,降低成本,提高生产效率。

(3)项目实施。项目团队在导师指导下根据实际生产需求,研制新型双速高效艾草脱叶机,在脱叶原理上采用多级辊脱叶方法,在控制方法上创新采用脱叶辊和输送辊独立转速控制,转速可达到1500转/分钟,进一步提高脱叶效率,其中脱叶效率可达95%以上;设计脱叶辊时,通过脱叶元件受力仿真分析,优先采用柔性脱叶元件,优化脱叶元件转速、结构尺寸及空间布置方式,控制脱叶元件击打力,有效降低脱叶含杂率至5%以下。通过整机的动、静力学分析及轻量化设计,目前已研制开发出两代脱叶样机设备,其具有重量轻、脱叶效率高、含杂率低及噪声小的特点。

3）芯片技术助推智慧农业发展

(1) 项目介绍。湖北麻城是全国三大菊花基地之一。麻城市政府将菊花作为促进区域经济发展、农民增收的特产支柱产业。而菊花一级、二级品率占比不高，菊花深加工存在技术难度，导致难以带动菊花产业发展收益。某项目服务团队根据专业所学，决心用科技提升菊花品质。

(2) 项目内容。研制微机电系统（MEMS）芯片传感器，利用数字温控等物联网管理技术和自适应算法，采集分析菊花生长环境各项数据，实现菊花科学种植，促进麻城菊花第一产业发展。

(3) 项目实施。

① MEMS 芯片传感器研制。依托学科实验平台，基于芯片设计制备工艺，采用新型敏感材料研制 MEMS 芯片，并开发出能检测土壤 pH 值、微量元素含量和空气中 CO_2、O_2 含量的传感器。（图 7.46）

图 7.46 芯片技术助推智慧农业发展

② 建立农业信息数据库。采集分析菊花生长环境各项数据，包括农田土壤信息、农业气象信息、农作物品种信息、生物信息、病虫害防治信息。

③ 产品应用调试。团队扎根农村，历经 2 个菊花生长周期，针对 7 种场景，测试 8 套系统版本，历经 130 余天，优化芯片制造工艺、改进软件系统 100 余次。应用设备后，菊花一级品率占比从 11% 提升至 39%，二级品率占比从 45% 提升至 56%。菊花品质的提升满足麻城市以菊花为原材料的加工厂和企业的需求。

4）麦麦相承，守护小麦健康

(1) 项目介绍。赤霉病，被誉为小麦的"癌症"，严重影响小麦生长存活率。小麦赤霉病的防治方法主要是以选用抗菌品种为基础，以药剂拌种作为重要措施，以农业防治紧抓不放，以化学防治为重点，将小麦赤霉病控制好、防治好，确保小麦丰产丰收。

(2) 项目内容。某大学生物工程专业学生团队基于老师科研成果——抗赤霉病主效基因 Fhb7 及相关专利技术，根据专业所学，深入农村小麦产区，解决由赤霉病导致的危害，为保障粮食安全、促进乡村振兴贡献自己的力量。

(3) 项目实施。

① 技术研发。通过参与小麦抗赤霉病治理的研究,了解小麦赤霉病产生机理、治疗方法以及小麦抗赤霉病育种方法。

② 农业服务培训。识别小麦赤霉病现象,掌握农田小麦抗赤霉病方法、小麦抗赤霉病育种方法等。

③ 小麦抗赤霉病治理。深入田间地头,了解小麦赤霉病危害情况,指导农民进行赤霉病预防和医治,促进增产增收,保障粮食安全进而促进乡村振兴。

④ 小麦抗赤霉病育种推广。推广种植面积达 100 多万亩,各地产量水平均超过 1000 斤,高产田达到 1600 多斤,受益农户 10 万余户。

5) 甘当护花使者,守护鲜花品质

(1) 项目介绍。云南依托优越的自然资源是全球公认的"植物王国"和"世界花园"。但是由于缺乏简便高效的产地保鲜技术,运销损耗高达 30%~50%。某学生志愿团队怀抱"护花强农"的梦想,潜心学习、研究鲜花保鲜技术,甘当护花使者。

(2) 项目内容。在老师指导下,破解鲜花保鲜"密码",开发出化学试剂高效鲜花保鲜技术和鲜花快速预冷技术,开展花农鲜花保鲜知识技术培训。

(3) 项目实施。

① 项目调研。深入云南鲜花主产区,调研鲜花保鲜技术及其存在的问题,以及新技术应用的意愿。

② 遴选鲜花种植基地。根据调研结果,选择有意愿采用新开发高效鲜花保鲜技术的花农,商定项目实施方案。

③ 项目开展。选择部分鲜花品种,试用鲜花快速预冷技术,实现了鲜花从 25 ℃降至 4 ℃的时间缩短至 1.5 小时以内的快速、均匀预冷,达到快速锁鲜,与冷库预冷相比,效率提高 8 倍。花农看到效果,消除了顾虑;进一步将新技术推广应用到其他鲜花品种。

④ 项目推广。通过花农口口相传和团队的宣传,产品和技术被推广应用到了云南八大鲜花主产区,科技助农 100 户,促进了鲜花采后产业升级,项目产品适用于绝大多数鲜花,与国外同类产品相比,最佳观赏期延长 75%,使用成本降低 25%,同时环保无污染。

6) 莼菜科学养殖,推进生态农业发展

(1) 项目介绍。莼菜富含酸性多糖、蛋白质和氨基酸等营养成分,具有抗菌消炎、清热解毒和提高免疫力等功效,是一种药食两用的珍贵水生蔬菜。发展莼菜绿色生态栽培不仅可以增加农民收入,对于百姓"菜篮子"工程也具有重要意义。

(2) 项目内容。了解莼菜绿色栽培和病虫害食物链控制技术方法,通过结合劳动实践与科研探索,引导学生了解绿色生态农业产业发展的美好前景和技术瓶颈,感受学科交叉在未来新农科领域的巨大魅力。

(3) 项目实施。

① 实践学习。在莼菜实验栽培区老师的介绍下,了解当前国内外莼菜栽培产业的发展现状和莼菜绿色生态栽培的发展前景,了解莼鳝共养的生态学原理和莼菜病虫害食物链控制技术方法,辨识莼菜栽培过程中常见的丝藻、水棉、黑藻、涫草、浮萍、荇菜等沉水、浮叶伴生物种,以及蚜虫等常见病虫害。

② 莼菜管护采摘。在老师指导下,对栽培区水箱中的伴生藻类和杂草、莼菜黄叶、腐叶等进行了清理,并进行莼菜采摘。

7) 妙手藕得,推动莲藕挖掘自动化

(1) 项目介绍。湖北莲藕尤其是洪湖、蔡甸等地的莲藕,口味香甜、生脆少渣、极富营养,全国知名,但是莲藕采摘挖掘一直是个难题,人工挖掘费时费力。近年来,莲藕挖掘自动化设备应运而生,推动了智慧农业发展。

(2) 项目内容。项目团队依托自身智能制造专业所学,开展莲藕挖掘自动化发展调研,参与老师课题团队研发新型莲藕挖掘自动化设备,深入湖北洪湖莲藕生产区,推广设备应用。

(3) 项目实施。

① 项目调研。深入湖北洪湖、蔡甸等莲藕主产区,调研莲藕挖掘自动化现状、要求以及现有莲藕挖掘自动化设备运行情况。

② 技术研发。参与指导教师项目,研发莲藕挖掘自动化设备,熟悉设备工作原理、操作方法、注意事项等。

③ 产品试用与调试。选择有意愿采用莲藕挖掘自动化设备的藕农,确定实施方案。在老师指导下,采用莲藕挖掘自动化设备进行莲藕采摘挖掘,针对破损、断藕等问题,实时采取措施进行调整。

④ 产品推广。通过团队的宣传吸引藕农来观摩,将产品和技术推广到洪湖、蔡甸等莲藕主产区 300 余户藕农,得到了藕农的高度认可。

第五节　新医科劳动实践

一、新医科劳动实践概述

习近平总书记强调,把保障人民健康放在优先发展的战略位置,始终坚持"人民至上、生命至上",为医学教育改革指明了方向、提供了遵循。医学教育具有极端重要地位,是大国计、大民生、大学科、大专业。全面推进健康中国建设对医学教育提出新的时代命题,新科技革命和产业变革给医学教育带来新的外部挑战。新医科建设是教育强国、健康中国战略的题中要义。2020年9月,国务院办公厅印发《国务院办公厅关于加快医学教育创新发展的指导意见》,提出"把医学教育摆在关系教育和卫生健康事业优先发展的重要地位,立足基本国情,以服务需求为导向,以新医科建设为抓手,着力创新体制机制,分类培养研究型、复合型和应用型人才,全面提高人才培养质量,为推进健康中国建设、保障人民健康提供强有力的人才保障"。加强研究型、复合型和应用型医学人才培养,全面提高人才培养质量,是新医科建设的出发点和落脚点。推进新医科建设,应注重强化"五个结合",即基础与临床结合、医理结合、医工结合、医企结合和医文结合。

劳动教育在新医科人才培养中有独特的育人功能以及价值。在"大卫生、大健康"的理念下,医科人才的职业能力与劳动精神是提高其奉献精神以及职业操守的关键。在当下的医疗环境,从诊治到消毒、检验、废弃医药用品处理等各个环节,工作强度大。而劳动教育的开展有助于培养新医科人才责任担当、真情奉献等职业品行与劳模精神。只有培养出具有高度责任感和崇尚劳动精神的医学专业人才,才能满足新时代卫生健康事业发展的需求,因此医学院校人才培养体系中加强劳动教育是学校办学质量提升的要求,更是全社会卫生健康事业发展的要求,以及推动卫生健康发展社会化、可持续化的要求。

新医科劳动教育实践,不仅包括在社区、农村、企业中进行中医药知识宣传、义诊、志愿服务等活动,还包括在医学相关的技能训练基地、对口医院进行真实工作场景实训、医院实习实训等,在实践中传播健康理念,共同助力健康中国建设,同时不断提升自身实践能力。

二、新医科劳动实践案例

1)端午香囊的制作项目

(1)项目介绍。中医采摘、种植、炮制、养生的各个环节,无不渗透着劳动的光辉,中草药已经成为劳动教育的新载体。佩香囊,是端午节传统习俗之一。香囊内通常填充一些中草药,有清香、驱虫、避瘟、防病的功能。通过香囊的制作,传播中医药文化。

(2)项目内容。了解传统的端午文化,熟悉端午节香囊的制作。

(3)项目准备。准备所需的材料,包括每组印花布料一块、针线一份、剪刀一把、皮绳一条、木珠一个、足量香料一份。

(4)项目实施。

① 检查材料,拟定配方:薄荷30克,艾叶20克,冰片3克,白芷30克,广藿香30克,防风20克,山柰20克,丁香5克,重楼20克,石菖蒲30克。

② 鉴定中草药,是否有误,将其分别打成粉末。

③ 称取合适的比例,也可以根据个人喜好更改配比。

④ 缝合香囊。第一步,剪好边长为9厘米的正方形布一块;第二步,对角折好后,缝合,留返口;第三步,塞上棉花和香料包,缝合,呈鼓鼓的三角形;第四步,对角缝到一起;第五步,和中心点缝合,整理成形,最后呈心形。

2）疫情防控领航员项目

（1）项目介绍。通过多途径多渠道了解和掌握校园疫情防控安全知识,对疫情防控现实环境中的安全风险进行分析、预防,增强校园疫情防控安全责任意识,带动身边的人增强疫情防控的责任感和使命感,共同构建平安和谐校园。

（2）项目内容。疫情防控领航,提升自己和他人疫情防控的安全意识。

（3）项目准备。科学看待疫情防控,学习简单的心理调节方法,如"深呼吸放松法""肌肉放松法"等。

（4）项目实施。

① 利用社会媒体,传播正能量。转载或发布校园疫情防控有关新闻、热点、短视频等。

② 利用主题活动、班团会等契机表演大众喜闻乐见的节目,将疫情防控知识贯穿其中,寓教于乐,用生动形象的方式传递疫情防控安全知识。

③ 化身志愿服务中的校园疫情防控宣讲员,利用课余时间在教室、寝室、食堂、操场等地宣传疫情防控知识,解答疫情防控问题,带动身边的人提升疫情防控使命感。

3）劳动救护训练项目

（1）项目介绍。在日常生活中,无论是在学校内还是在学校外,都可能遇到一些突发情况,如果掌握现场急救知识,则可以为患者赢得宝贵时间并挽救患者的生命。另外,参加体育运动和野外活动中,掌握一些关于包扎、伤口处理等方面的知识非常实用。

（2）项目内容。了解包扎的基本知识,熟悉伤口处理的基本操作。

（3）项目准备。准备所需的材料,包括每组碘酒一瓶、医用酒精一瓶、纱布一卷、三角巾一份、医用剪刀一把。

（4）项目实施。检查并清洁伤口;用碘酒和医用酒精消毒并擦拭伤口;将大小合适、干净的纱布轻轻盖在伤口表面;练习包扎方法,包扎方法如下。

第一种:简单螺旋包扎法。

先将纱布缠绕患者受伤肢体两圈固定,由受伤部位的下方开始,由下而上进行包扎。包扎时用力应均匀,由内而外扎牢。（图7.47）

第二种:人字形包扎法。

先将纱布在患者受伤肢体关节中央处缠绕一圈固定,然后绕一圈向下,再绕一圈向

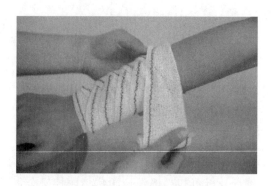

图 7.47　简单螺旋包扎法

上,反复向下、向上缠绕。结束时,在关节的上方重复缠绕一圈固定。(图 7.48)

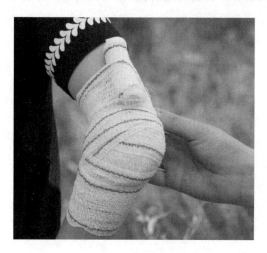

图 7.48　人字形包扎法

第三种:三角巾头部包扎法。

将三角巾的底边折叠约两横指宽,边缘结于患者前额齐眉处,覆盖好布垫,顶角拉向后颅部。将三角巾两底角沿两耳上方向后收,在后部枕骨下交叉并压紧顶角,然后绕回前额正中打结。将患者头后部的顶角拉紧并向上返折,将顶角塞进两底角的交叉处。(图 7.49)

4)中医院实习见习

(1)项目介绍。传统医药是优秀传统文化的重要载体,在促进文明互鉴、维护人民健康等方面发挥着重要作用。做好中医药守正创新、传承发展工作,使传统中医药发扬光大,是广大中医药学子的历史使命。学习中医的在校生到相关中医院开展实习是劳动实践的重要体现。

(2)项目内容。医院中药房实习、门诊实习。

图 7.49 三角巾头部包扎法

(3) 项目实施。

① 岗前培训。学习临床医药学知识,以及作为一名合格医生的职责和任务。

② 辨识中药材。在中药房实习中,学会辨识不同中药的外形外貌,由于药物大多是炮制后切片,在切片上很相似,认识外形之后再口尝部分药物,对其药性药味做进一步了解,如生地和玄参外形相同,但是药味不同,两者都是甘苦之品,但玄参苦味更重,略有咸味,而生地则是甘味更重。

③ 中药煎煮。学会中药煎煮方法,了解煎煮用具对中药药性的影响,比如铁、铜、铝制用具中金属元素易与药物成分发生反应而影响药效,因此要合理选用煎煮用具;合理控制水质、水量;把握泡药和煎煮时间等。

④ 门诊实习。根据任务安排到门诊跟着指导老师看病开方,负责撰写处方单,体验中医特色诊法"望闻问切",积累与患者沟通的技巧,熟悉门诊病历的书写方法。

5) 药用植物标本采集信息化

(1) 项目介绍。植物标本是对植物的实体保存,是人们发现新物种和认识植物界的重要依据。植物标本是植物信息资源的集合,是植物分类、植物生态、资源调查、药学及生物技术等方面研究的凭证信息,可最大限度地提供查证比对之用。

(2) 项目内容。到植物园学习识别不同药用植物,制作药用植物标本,将现有的药用植物和中药标本信息进行归纳整理,构建信息丰富的信息化教学数据库。

(3) 项目实施。

① 药用植物采集。要使用专门的工具,确保标本的完整性。采集完整的标本是为了更好地鉴别植物种类,故必须采齐植物的根、茎、叶、花和果实,特别是花和果实应采到。

② 植物采集记录。应在采集标本的同时填写,最迟应在当天晚上整理标本时填写。应规范完成采集记录,为将来药用植物标本馆的信息化和数字化提供规范的基础数据。

③ 植物标本制作。在植物标本采回之后,需要进行制作,制作的方法有烙干法、沙干法、硅胶法和压干法等,通常采用的是压干法。

④ 植物标本采集信息化。利用植物标本的信息化管理系统,以项目的形式收集并共享标本数据。

参考文献

[1] 马克思,恩格斯.共产党宣言[M].北京:人民出版社,2018.

[2] 马克思,恩格斯.德意志意识形态(节选本)[M].北京:人民出版社,2018.

[3] 马克思.资本论(第一卷)[M].北京:人民出版社,2004.

[4] 恩格斯.劳动在从猿到人转变过程中的作用[M].北京:人民出版社,1971.

[5] 余少祥.智能时代对劳动价值的影响与重塑[J].人民论坛·学术前沿,2022(8):24-32.

[6] 王拓.推动人的全面发展是马克思主义的本质要求[N].黑龙江日报,2018-07-04(3).

[7] 中共中央文献研究室.毛泽东文集(第七卷)[M].北京:人民出版社,1999.

[8] 邓小平.邓小平文选(第二卷)[M].北京:人民出版社,1994.

[9] 习近平.习近平谈治国理政(第一卷)[M].北京:外文出版社,2018.

[10] 习近平.习近平谈治国理政(第二卷)[M].北京:外文出版社,2017.

[11] 习近平.习近平谈治国理政(第三卷)[M].北京:外文出版社,2020.

[12] 习近平.习近平谈治国理政(第四卷)[M].北京:外文出版社,2022.

[13] 习近平.高举中国特色社会主义伟大旗帜 为全面建设社会主义现代化国家而团结奋斗——在中国共产党第二十次全国代表大会上的报告[M].北京:人民出版社,2022.

[14] 郭霆.毛泽东劳动思想及其当代价值研究[D].西安:陕西师范大学,2020.

[15] 刘向兵,赵明霏.构建新时代高校劳动教育体系的理论逻辑与实践路径——基于知识整体理论的视角[J].中国高教研究,2020(8):62-66.

[16] 谭祖雪,周炎炎.社会调查研究方法[M].2版.北京:清华大学出版社,2020.

[17] 姚建华.数字劳动:理论前沿与在地经验[M].南京:江苏人民出版社,2021.

[18] 彭维锋.新时代劳模精神、劳动精神、工匠精神的理论内涵与实践导向[J].江西社会科学,2021,41(5):208-217,256.

[19] 习近平.习近平:依靠诚实劳动开创美好未来[J].传承,2013(7):4.

[20] 黄蓉生,樊新华.培养新时代大学生劳动精神的四个着力点[J].中国高等教育,2021(9):4-6.

[21] 邱家洪.新时代高校劳动教育的五个着力点探析[J].南方论刊,2022(2):85-86,89.

[22] 朱翠兰,孙秋野.新时代大学生劳动精神培育:价值内核和实践路径[J].教育理论与实践,2022,42(33):20-23.

[23] 毕俪文,王文浩.新时代科学家精神的内涵阐释与践行路径[J].云南社会主义学院

学报,2022,24(2):21-27.

[24] 习近平.在科学家座谈会上的讲话[M].北京:人民出版社,2020.

[25] 吴明东.新时代科学家精神的核心内容与价值引领[J].学校党建与思想教育,2022,678(15):89-92.

[26] 禹跃昆.二十大代表杨东升:创新是攀登世界科技高峰的必由之路[N].中国教育报,2022-10-18.

[27] 张玉卓.让新时代科学家精神在中华大地扎根绽放[J].中国新闻发布(实务版),2022,5(5):21-26.

[28] 卜晓东.论劳动教育与高校校园文化建设的融合[J].传播力研究,2020,4(23):118-119.

[29] 刘瑶瑶.将劳动教育融入高校校园文化建设的实践路径探析[J].北京教育(德育),2019(Z1):58-62.

[30] 肖绍明.劳动教育的文化研究[J].华东师范大学学报(教育科学版),2022,40(2):17-28.

[31] 冉江舟,杨静.大学生劳动教育[M].北京:人民邮电出版社,2021.

[32] 张茜,王荔,赵丽娟.大学生劳动教育实用手册[M].重庆:重庆大学出版社,2021.

[33] 史钟锋,董爱芹,张艳霞.新时代大学生劳动教育[M].北京:清华大学出版社,2022.

[34] 宗伟,周兴前.大学生劳动教育与实践[M].北京:科学出版社,2021.

[35] 李效东.大学生劳动教育概论[M].北京:清华大学出版社,2021.

[36] 北京铁路局.劳动安全风险防范知识读本[M].北京:中国铁道出版社,2013.

[37] 贺湖,李婷,凌云志.守护生命的宝典——大学生应急救护指要[M].长沙:中南大学出版社,2019.

[38] 尚勇,张勇.中华人民共和国安全生产法释义[M].北京:中国法制出版社,2021.

[39] 贾俊玲.劳动法与社会保障法学[M].3版.北京:中国劳动社会保障出版社,2022.

[40] 苏世彬.创业法律法规通论[M].北京:经济科学出版社,2022.

[41] 邬承斌.大学生劳动教育理论与实践[M].北京:电子工业出版社,2023.

[42] 吴超.大学生安全文化[M].北京:机械工业出版社,2005.

[43] 谢颜.大学生劳动教育[M].北京:中国人民大学出版社,2022.

[44] 刘建军."新文科"还是"新学科"?——兼论新文科视域下的外国文学教学改革[J].当代外语研究,2021(3):21-28.

[45] 王华平.新文科的理论内涵与实践路径[J].新文科教育研究,2022(3):29-40,141-142.

[46] 赵奎英.试谈"新文科"的五大理念[J].南京社会科学,2021(9):147-155.

[47] 李凤亮.新文科:定义·定位·定向[J].探索与争鸣,2020(1):5-7.